保安员国家职业资格评价培训教程

BAOANYUAN GUOJIA ZHIYE ZIGE PINGJIA PEIXUN JIAOCHENG

保安员

（四级）

公安部治安管理局　组织编写

中国劳动社会保障出版社

图书在版编目(CIP)数据

保安员：四级/公安部治安管理局组织编写. -- 北京：中国劳动社会保障出版社，2020
保安员国家职业资格评价培训教程
ISBN 978-7-5167-3857-3

Ⅰ.①保… Ⅱ.①公… Ⅲ.①保安人员-中国-技术培训-教材 Ⅳ.①D631.3

中国版本图书馆 CIP 数据核字(2019)第 278612 号

中国劳动社会保障出版社出版发行
(北京市惠新东街 1 号 邮政编码：100029)
*
保定市中画美凯印刷有限公司印刷装订 新华书店经销
787 毫米×1092 毫米 16 开本 8.5 印张 129 千字
2020 年 2 月第 1 版 2020 年 6 月第 2 次印刷
定价：32.00 元

读者服务部电话：(010) 64929211/84209101/64921644
营销中心电话：(010) 64962347
出版社网址：http://www.class.com.cn

编审委员会

主　任：李京生
副主任：张佐良　黄学锋
委　员：池世才　顾　岩　郭太生　王龙天　葛恒双

本书编写人员

主　编：顾　岩　孙廷华
编　者：童勤久　孙国强　齐德平　虞　钢　张俊杰
　　　　朱晓岚　袁　鹤　孙　帆　杨华书

前　言

为加强保安队伍职业化建设，提高保安从业人员服务能力和水平，引导和推动保安员职业技能培训工作，全面提升保安员队伍的整体素质，以适应经济社会发展和广大人民群众及客户单位的安全需求，公安部治安管理局依据《保安服务管理条例》《保安员国家职业技能标准（2019 年版）》及其他相关法律、法规、规章和标准，组织编写了“保安员国家职业资格评价培训教程”，包括《保安员（基础知识）》《保安员（五级）》《保安员（四级）》《保安员（三级）》《保安员（二级）》《保安员（一级）》6 本教材，作为保安员职业技能培训和保安员国家职业资格评价的指导用书。

本套教程具有以下特点：

一是以职业能力为核心。教程贯穿“以职业标准为依据、以企业需求为导向、以职业能力为核心”的原则，依据最新版保安员国家职业技能标准，结合保安服务业务实际，反映保安员岗位需求，突出新知识、新技术、新方法的介绍，注重提升保安员职业能力。

二是服务于培训和评价。根据保安员职业发展的实际情况和培训需求，教程力求体现保安员职业培训的规律，反映保安员职业资格评价的基本要求，满足保安员参加各级各类专业资格评价考试的需要。

三是采用分级分类模式。教程按照保安员国家职业资格各个等级分别编写，各等级合理衔接、步步提升，为保安员人才培养搭建科学的阶梯型培训架构；每一本教材又是依照各等级职业资格需重点掌握的功能模块分别展开，安排足量、适用的内容，贴近保安员一线工作实际，贴近市场需求。

四是具有可读性和实操性。为便于培训、评价机构在有限的时间内把最重要的知识和技能传授给保安员，同时也便于保安员迅速抓住重点，学习相关知识，掌握实操技能，教程精心编排相关内容，使用了大量图片和案例，深入浅出地介绍保安员需要掌握的有关知识和技能。

本书是“保安员国家职业资格评价培训教程”中的一本，适用于四级保安员职业资格培训，是保安员国家职业资格评价推荐辅导用书，也是保安员国家职业资格评价命题的直接依据。

在本书编写过程中，邀请了赵渊明、王文柱、王龙天、裴岩、郭立志、王峰、牛力、舒立成、陈震宇、张绪梁、王树友、汪捷、范煜、石小迎等专家负责审定，在此一并表示感谢。

公安部治安管理局

2020 年 1 月

目　　录

第一章　安全检查

第一节　车辆安全检查

一、车辆安全检查概述

1. 车辆安全检查的概念

车辆安全检查是指根据安全管理要求，对进入安全控制区域内的机动车辆进行检查，以确保过检车辆未携带禁带物品进入管控区域。

由于机动车辆的便捷性和隐蔽性，往往成为违禁品的运输工具，各类违禁品、危险品、限带品常以机动车为载体被带入管控区域。因此，如何做好车辆安全检查是做好安全防范工作的重要内容。

2. 车辆安全检查的原则

车辆安全检查应遵循直观检查和器材检查相结合的原则，即人、器材检查相互结合、相互验证。车辆安全检查的重点部位为车底、发动机、行李箱、车内座椅和排气管等。

3. 车辆安全检查的方法

（1）直观检查。检查人员直观检查汽车的机械部分和电路部分。

（2）窥镜检查。检查人员用窥镜检查汽车的油箱和排气管。

（3）炸药探测器检查。检查人员用炸药探测器检查汽车的行李箱和车内设施。

（4）车底、车顶检查镜检查。检查人员用车底检查镜检查汽车的底部，用车顶检查镜检查汽车的顶部。

（5）运用车辆安全检查系统检测。

二、常用车辆安全检查设备

1. 固定式车辆底盘安全检查系统

固定式车辆底盘安全检查系统（见图 1-1）是一套能自动对车辆底盘进行

安全检查，集图像采集、显示、对比、警示为一体的信息管理系统。该系统能有效防止被检查车辆车底藏匿炸弹、武器、生化危险品、危险人物等出入重要场所，以及防止在车底携带毒品、非法走私物品乃至非法偷渡人员等通过检查站。

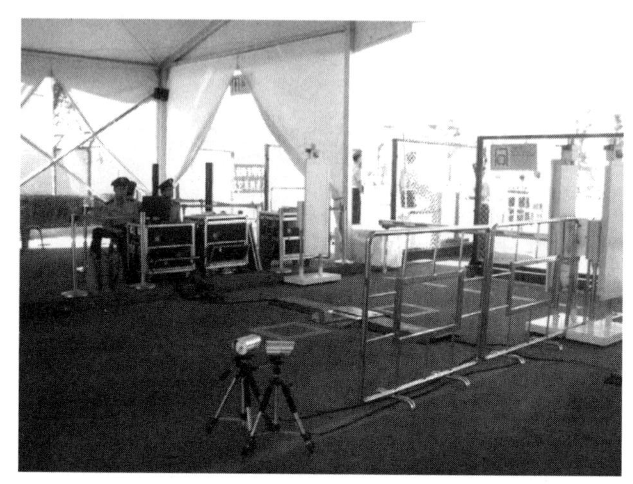

图 1-1　固定式车辆底盘安全检查系统

固定式车辆底盘安全检查系统的性能特点有：采用彩色或黑白线阵扫描设备成像，图像分辨率高，检查视角宽广，且图像清晰、完整、无畸变，能清晰观察到很小的物体。该系统能够自动触发，能够进行图像采集、显示、对比等统一的信息管理。当车辆以规定的速度通过该系统的车底采集设备时，车底采集设备能够自动显示高清、完整的车辆底盘图像，如图 1-2 所示。该系统能保证 24 小时各类环境下稳定、可靠地工作。

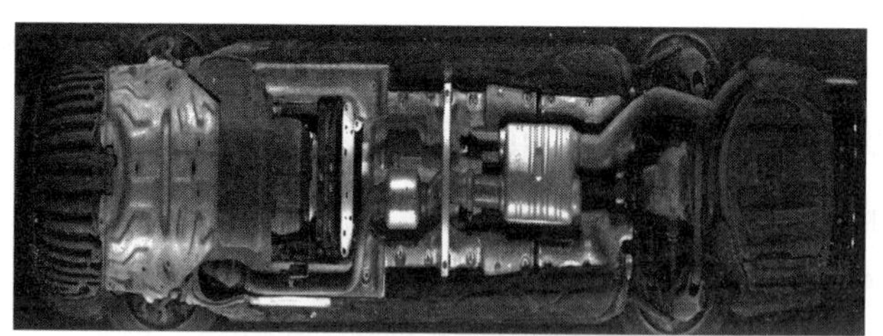

图 1-2　固定式车辆底盘安全检查系统采集的图像

固定式车辆底盘安全检查系统一般应用于机场、政府、监狱、银行库区、使馆、军事管理区、港口、公安机关等安全防范和反恐重点场所，海关、边境的出入口，重点场所的停车场入口，收费站及大型会议车辆出入口等。

2. 移动式车辆底盘安全检查系统

移动式车辆底盘安全检查系统能够快速准确地找出藏匿在车底的违禁物品、走私物品和非法偷渡人员等，比传统车底检查镜更快、更准确，大大提高了车辆安全检查的速度和准确度，减少了人力资源的投入。移动式车辆底盘安全检查系统具有便捷灵活的特点，它可以根据需要，架设在需要检测的道路上（见图 1–3），达到临时抽检的效果，能使藏匿在车辆内的违禁物品等无所遁形。

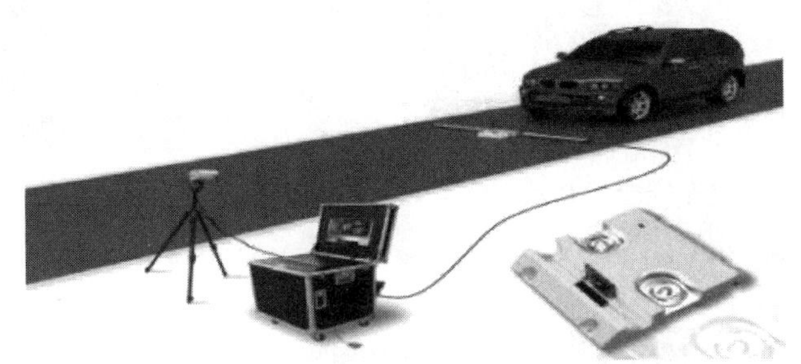

图 1–3　移动式车辆底盘安全检查系统

3. 整车安全检查系统

整车安全检查系统无须卸货即可进行全车检查。该系统通过感应器感应被测物体传导的有节律的振动进行检测分析，即可判断车辆是否能够放行或者需要做进一步检查。

整车安全检查系统分为固定式整车安全检查系统和移动式整车安全检查系统。

（1）固定式整车安全检查系统

固定式整车安全检查系统适用于机场、港口、海关、监狱、军事管理区等的出入口，对整车进行检查，如图 1–4 和图 1–5 所示。

（2）移动式整车安全检查系统

移动式整车安全检查系统适用于在大型活动、会展的出入口处对车辆进行安全检查，如图 1–6 所示。

4. 手持式车辆底盘安全检查设备

（1）手持式车辆底盘安全检查镜（见图 1–7）

手持式车辆底盘安全检查镜由一个伸缩柄（手持部设双位开关）、一片安装在脚轮上的观察镜和节能荧光灯组成。其中，观察镜使用大凸面镜（330 毫米×

265 毫米）扩大视野，节能荧光灯增加了明亮的照度，双位开关适合于持续使用或短暂搜查。

图 1-4　固定式整车安全检查系统

图 1-5　固定式整车安全检查系统的伽马射线检查设置

图 1-6　移动式整车安全检查系统

图 1-7　手持式车辆底盘安全检查镜

（2）手持式车辆底盘安全检查仪

手持式车辆底盘安全检查仪主要适用于车辆安全检查时检查人员难以直接查看的部位（如车底等），如图 1-8 所示。

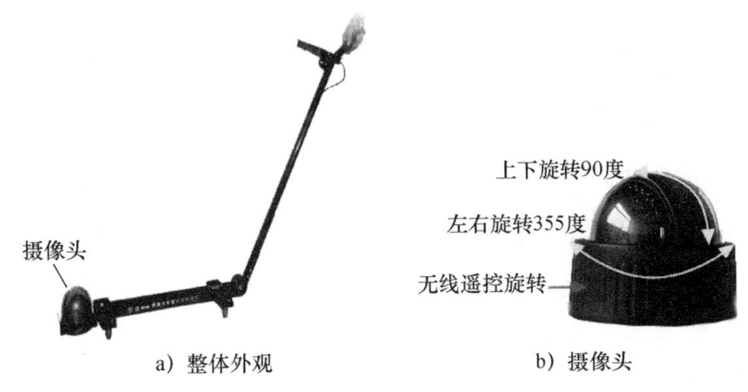

a）整体外观　　b）摄像头

图 1-8　手持式车辆底盘安全检查仪

5. 车辆底盘视频检查镜

车辆底盘视频检查镜可快速、清晰地检查各种车辆的底盘（见图 1-9），其自带光源，不受环境光线的限制，配有高分辨率彩色摄像机，能为使用者提供清晰可靠的图像。该检查镜配有可分离的 LCD 视频系统，使其操作起来更加灵活，只需一人操作，即可检查出车辆底盘是否藏有武器、危险品及违禁品。

图 1-9　车辆底盘视频检查镜

三、车辆安全检查的实施步骤

1. 人员及器材配备

车辆安全检查以小组为单位实施作业，每组至少配备 3 人。3 名检查人员的职责分别是：1 号检查人员通过直观观察配合徒手检查的方式，负责对车辆的机电部位，包括发动机舱、车辆仪表盘、车上的电路等进行检查；2 号检查人员使用手电、炸药探测器等器材检查车内的物品及饰物，并对座椅、方向盘、门把手等重点部位使用试纸进行擦拭检查；3 号检查人员使用窥镜、车底检查镜、车顶检查镜等对车辆的油箱、车底、车顶、车轮缝隙等部位进行检查。

2. 检查程序

（1）检查人员应站在车辆一侧，查验其进入安全控制区的通行证件，确认车辆信息与安全控制区通行证件信息相符并仔细观察，注意发现是否有异常，并对车辆进行检查。对于委托单位事先通知的免检对象，应仔细核对车号和特殊的免检标志后才能放行。

（2）对于车底，首先要进行表面检查，查看有无可疑痕迹；其次查看底盘有无异物和可疑导线，加油口及排气管有无堵塞物，轮胎、轮毂有无异常；最后用车底检查镜和手电检查保险杠下面、油箱外和电动机处有无异物。

（3）打开发动机舱盖，首先检查水箱罩和发动机左右侧隐蔽空间有无异物；其次检查离合器、变速器、转向器、刮水器、蓄电池有无可疑连线和异物；最后检查空气过滤器和电动装置有无异物。

（4）检查行李箱时，可重点检查地毯下、工具箱和备用轮胎有无异物。

（5）车内应按自上而下、自前向后的顺序仔细检查，要注意地毯、座椅、靠枕、仪表盘、烟灰缸、点烟器、收放机、车内灯具、储物盒、遮阳板等部位有无异物。

（6）油箱和排气管是容易被安放爆炸装置的重点部位，检查时不仅要检查其外部，还要注意检查油箱锁是否有效、排气管内是否有异物，必要时可使用窥镜检查。

（7）对车辆进行安全检查时，应要求车内人员下车等候。要与车内人员保持一定的安全距离，注意观察其神态表情，防止其弃物逃跑、突然驾车逃跑或持物行凶，随时要注意自身安全。

（8）发现随车载有或携带可疑物品的人员，应先礼貌地要求其说出物品的名称、数量、来源及用途，请其自行拿出可疑物品，并出示有关证件或由有关部门开具的证明，对无手续或拒绝检查的人员应移交安全保卫部门处理。

（9）在进行车辆安全检查期间，检查人员应当有效控制现场，防止未经安全检查的人员、车辆与已经检查完毕的人员、车辆发生接触。

（10）对于随车进入安全控制区的驾驶员，应当核查其证件，并对其人身及随身携带的物品进行检查。

（11）根据安全管理要求，对公安、急救、消防等车辆因参与应急救援保障任务需要进入安全控制区时，核实后应当予以优先保障、登记放行。

（12）准备进入安全控制区的车辆，应在接受检查口外 30 米处熄火停车。

（13）按照外部直观检查车前部分、车轮部分、车尾部分、车门、玻璃密封胶条，车内部按照座椅、装饰物、收放机、点烟器、天线座、油箱、线路、照明设备的顺序进行检查。

(14) 经上述检查后，如未发现可疑物，要将所有电器装置（如音响、电视、刮水器、空调等）打开，并将汽车发动 1~2 分钟。如果一切正常，则可认为该车辆是安全的。

在对车辆实施安全检查的过程中，车底、发动机、油箱、排气管、行李箱和车内都属于检查的重点部位。

四、车辆禁带物品的辨识

车辆内暗藏的禁带物品主要有易燃易爆的液体、固体、气体以及各种助燃剂和氧化剂等危险化学品，常见的有以下几种。

1. 易燃液体

常见的易燃液体有汽油、乙烷、苯、甲苯、乙醛、甲醇、乙醇、丙酮、乙醚等。

2. 易燃固体

常见的易燃固体有红磷、硝化沥青、火柴、硫黄、樟脑、生松香、火补胶等。

3. 易燃气体

常见的易燃气体有氢、甲烷、乙炔、丙烷、一氧化碳、煤气等。

4. 爆炸物品

常见爆炸物品有 TNT 炸药、硝酸铵炸药、雷管、导火索、爆炸装置、烟花爆竹等，如图 1-10 所示。

5. 氧化性物质

常见的氧化性物质有高锰酸钾、过氧化甲乙酮等。

五、车辆安全检查注意事项及情况处置

1. 车辆安全检查注意事项

(1) 不要随意开启车门、车窗和行李箱。

(2) 不要随意发动汽车或使用点烟器。

(3) 不要随意在座椅上坐、卧。

(4) 不要随意打开照明设备。

(5) 不要轻易触摸车内、车外的可疑物品。

a）常见爆炸物品样本

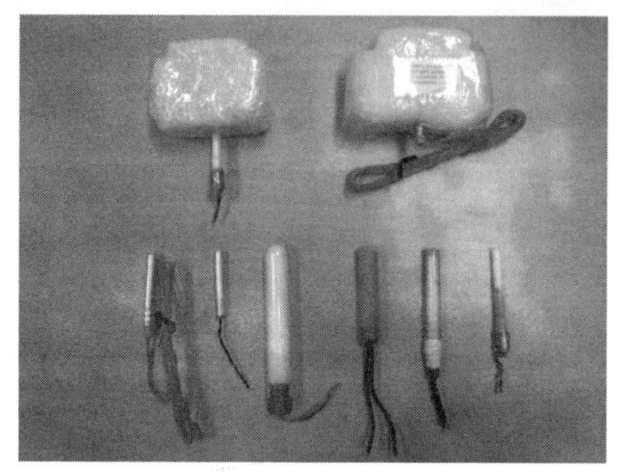

b）各类雷管

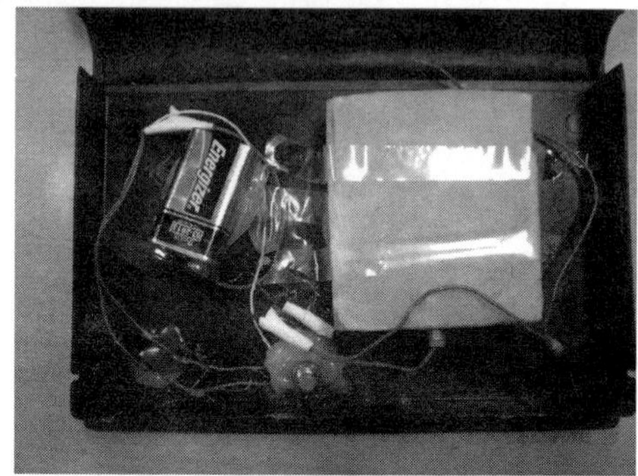

c）爆炸装置

图 1-10　常见爆炸物品

（6）不要随意剪断或拉动导线。

2. 检查发现可疑爆炸物品后的处置

不要轻易触摸或移动在检查中发现的任何可疑爆炸物品，应按以下步骤进行必要的处置：

（1）利用清障车将可疑车辆拖至空旷区。

（2）利用屏蔽器或干扰仪屏蔽、干扰遥控信号，以防止被遥控引爆。

（3）组织力量控制现场、疏散群众，注意观察现场可疑人员。

（4）设置好安全距离（距车辆中心半径不少于 80 米）。

（5）对可疑爆炸物用 X 光机做进一步判定，并利用绳钩工具组对其进行先期处置。

（6）必要时，关闭车辆附近建筑物内的天然气及电气设备。

（7）必要时，通知交通、应急救援、消防等部门予以协助。

（8）通知专业排爆人员到达现场进行专业处置。

第二节　场所安全检查

一、场所安全检查概述

场所安全检查一般是指对国家政要、重要外宾出席活动或涉足的场地，以及对举办大型活动或具有特殊意义活动等场地，进行严格的安全检查，确保所有场所或场地及其设施绝对安全。场所安全检查是一项责任重大而又艰苦细致的工作，同时也是一项技术性很强的工作。

1. 场所安全检查的任务

场所安全检查的主要任务是对划入安全控制区的场所（包括楼宇、场地、水域、车辆、船只等）进行安全技术检查，将一切可能危及安全的危险品、违禁品消除或控制在安全控制区以外。只有进行场所安全检查，使场所达到防爆、防窃听、防录像和防拍照等安全要求，才能确保场所内各类人员和财产的安全。

2. 场所安全检查的原则

场所安全检查要同时应用直观观察法、器材检查法、动物检查法相互结合、相互验证，有顺序、无遗漏地进行检查，对于重要的场所区域，要采取多次安全检查及核心区交叉复检的方式，以确保场所的安全。检查过程中要实行责任制，定岗、定责、定人、定器材。

3. 场所安全检查工作岗位职责

（1）上岗时，要检查安全检查仪器的电量、灵敏度、声光报警等是否符合要求。

（2）熟悉安全检查仪器的性能和操作规范，严格按规程操作使用，定期清洁保养。

（3）要严格按照场所安全检查的顺序操作，对报警部位或可疑部位应进行反复检查，排除可疑点后才可继续进行下一区域的检查。

（4）安全检查人员在遇到超越处理权限的问题时，必须及时向上级领导报告，等待指示。

（5）应当及时记录执勤中遇到的问题及处理结果。

4. 场所安全检查人员执勤规范

（1）自觉使用执勤文明用语。

（2）安全检查人员在执勤时必须按规定着装，佩戴上级部门统一制发的证章、证件和工号。

（3）严禁酒后上岗，执勤期间应不吸烟、不吃零食。

（4）安全检查人员在执勤中，应仪容整洁、仪表端庄。

（5）安全检查动作应规范。

二、场所安全检查流程

场所安全检查可按如下程序进行：

（1）根据场所安全检查的任务要求和现实情况，制订计划。

（2）根据计划，将被检查场所划分为若干作业单元。

（3）对安全检查区域的无关人员进行清场。

（4）划分的作业单元应覆盖全部安全检查区域，对重点部位应详细检查。

（5）安全检查中发现危险物品时，应及时按处置程序处理。

三、场所安全检查的方法与设备

1. 场所安全检查的方法

（1）对地面的检查

土质地面比较容易检查，看其有无松土或异物，对新翻动过的地面要重点检查；检查沥青道路时应注意地面有无破损；石材砌过的地面则看地砖是否松动，松动的地砖是否高出周围地面；地毯覆盖的地面应注意有无凹凸处。总之，检查地面是以直观观察为主要形式进行的，发现可疑情况后不能轻举妄动，应用相应设备进一步确认。

（2）对地上植被的检查

地上植被是指直接生长于地面的花、草、树等。使用扫雷器检查草坪，面积小则每人一块检查，面积大则几人分工共同检查。灌木类植被枝叶繁茂，检查时用探针将树枝拨开，然后用手探检查。

（3）对地面上固定物的检查

地面上固定物主要包括房屋、亭台、桥梁、灯杆、电话亭、假山等，这些固定物的特点是遮蔽性强、易隐藏物品，应使用扫雷器并借助安检犬逐个查看。

（4）对地面上临时放置物的检查

地面上临时放置物主要包括花盆、花篮、彩车以及临时搭建的舞台、主席台等，应使用扫雷器、手探、探针、安检犬检查。安检犬检查会场如图 1-11 所示。

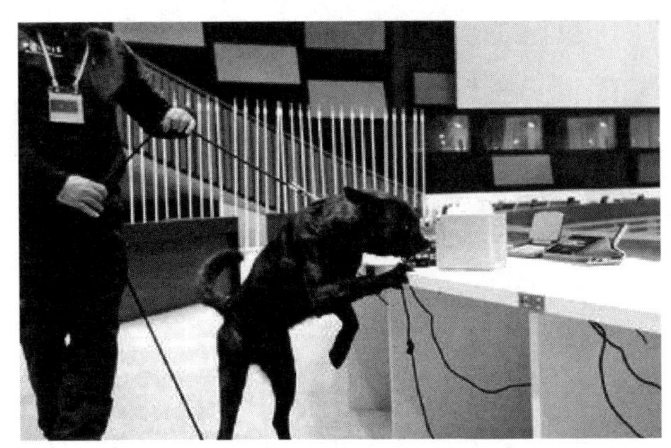

图 1-11　安检犬检查会场

2. 场所安全检查的设备和器材使用

场所安全检查的设备和器材主要用于检查活动场馆的建筑物、广场、庭院等公共设施内的爆炸物品、危险物品等。

场所安全检查使用的主要设备和器材有节点探测器、伸缩臂镜、扫雷器、探针、手探、电子听音器和炸药探测器等。

（1）节点探测器

节点探测器用于探测隐藏的电子类引爆、窃听和其他危险装置，它还能找出其他含有半导体元件的类似设备，如手机、无线话筒、传声放大器、有线话筒、红外或超声控制通道装置、录音录像机等，无论检查对象是开机、待机、还是关机状态，都可以准确地被定位。

节点探测器可应用于军事侦察、反恐防爆、违禁品搜查、刑侦技侦、搜救搜查、追踪搜索、高科技作弊预防、保密会议排查、隐私保护等领域，一般多用于政府、公司的领导人安保、保密会议等重要场合，也可用于墙壁、门窗等安全检查。在对场所进行安全检查的时候，只要对着目标物进行近距离的探测（见图 1-12），如果被探测物体内有窃听器、摄像头等，节点探测器会立即发出报警声，提醒检查人员进行排查。在很多时候，节点探测器发挥着 X 光机、金属探测器等传统安全检查设备无法取代的作用，如探测隐藏在墙体内的物体，X 光机和金属探测器是无法做到的。

图 1–12　节点探测器

（2）伸缩臂镜

伸缩臂镜主要适用于检查人员难以直接查看的部位，如车底、竖井、地下、屋顶、顶棚、吊灯等。伸缩臂镜可以通过调节镜面角度和臂长来查看任何部位，且还具有自补光功能，如图 1–13 所示。伸缩臂镜便于携带、灵活性强、操作简便，被广泛应用于公安、防爆、安全检查、武警、海关等部门。

图 1–13　伸缩臂镜

（3）扫雷器

扫雷器主要是用于探测和识别隐埋在地下的金属物。它除了在军事上应用外，还广泛被用于安全检查。现代扫雷器具有探测度广、定位准确、分辨力强、操作简易等特点，如图 1–14 所示。

图 1–14　扫雷器

扫雷器采用声音报警及仪表显示，探测深度与被探金属物的体积、形状、质量都有很大的关系。一般来说，被探测金属体积越大、数量越多，探测深度就越大；反之，被探测金属体积越小、数量越少，探测深度就越小。

金属埋在地下，透过厚厚的土层去探测，必然受到地质结构的影响。地层中含有各种各样的矿物质，它们也会使扫雷器产生信号，这些矿物质的信号会掩盖掉被探测金属物的信号而造成假象（即“矿化反应”）。现代扫雷器装有先进的地平衡系统，能排除矿化反应的干扰，大大提高了仪器的探测深度和准确性。

操作扫雷器时，可以连接一个耳机到探测器上，这样能更容易地确定声音上细微的变化，从而达到更好的探测效果。扫雷器使用前，需要调整探测杆的长度。扫雷器有较高的灵敏度，用它探测金属物体时，探测碟距金属物体 20 厘米左右时扬声器就会发出声音，小到曲别针，甚至一枚大头针都能检测到。由于扫雷器还可以透过非金属物体，如纸张、木材、塑料、砖石、土壤、水层等探测到被遮盖的金属物体，因此具有很强的实用性。

（4）探针

探针安全检查包一般配备由多节可拆卸式无磁针管构成的无磁探针，便携式 LED 高效工作手电，LED 高效头灯等。探针采用特殊无磁材料制作而成，在搜爆过程中配合搜爆服使用，提高了在危险物品检查时的人身安全系数。探针可伸缩设计方便携带，采用铍青铜材质，与金属碰撞过程中不会产生电火花，手柄外部采用无磁绝缘材质，保证了使用过程中的人员安全，如图 1-15 所示。

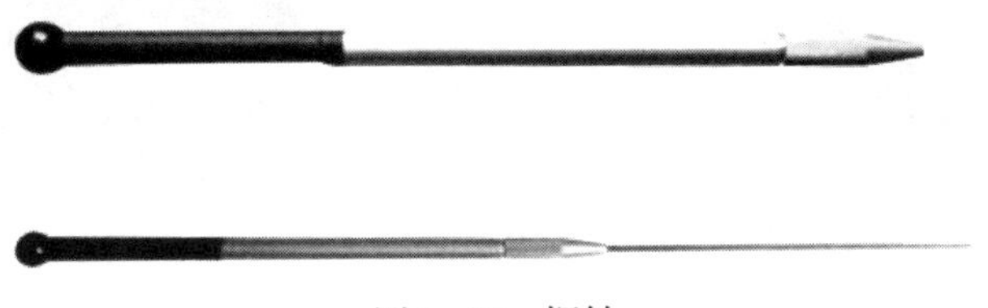

图 1-15 探针

（5）手探

手探是场所安全检查时最常用的工具之一，顾名思义，就是拿着手探寻找具有金属性质的物品。与传统探测器相比，目前使用的超高灵敏型多功能手探安全检查仪具有探测面积大、扫描速度快等特点，如图 1-16 所示。

如前所述，在对地上植被的检查中，由于灌木类植被枝叶繁茂，检查时可用探针结合手探交替使用。在对地面上临时放置物进行检查时，手探可结合扫雷器、探针或安检犬交替使用。

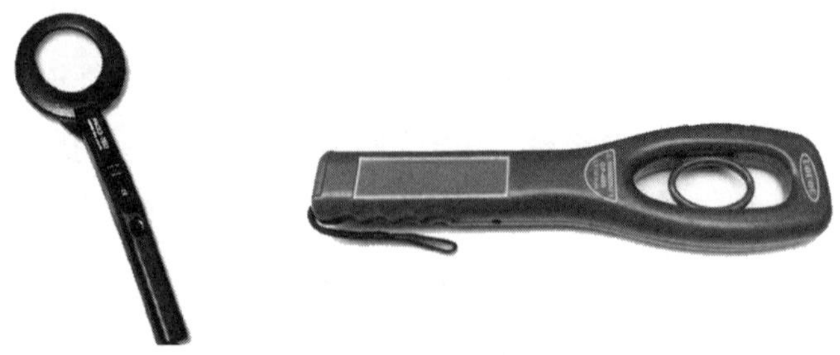

图 1-16　手探

（6）电子听音器

电子听音器用于探测处于工作状态的定时雷管（包括机械式雷管、电子机械式雷管、电子式雷管）及其他形式的电子雷管，工作中不主动发出任何信号，外观像普通的警棍。电子听音器结构紧凑、易于携带，如图 1-17 所示。安全检查人员可用该探测器搜查定时爆炸物及建筑物、交通工具中的可疑物品，弥补了检爆专家在探测隐藏爆炸物时的不足。

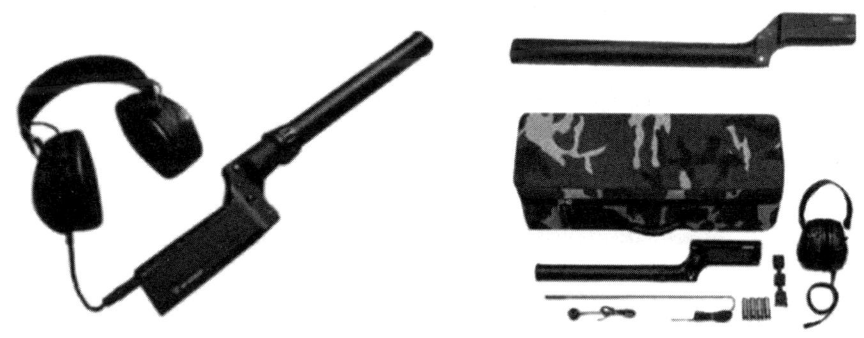

图 1-17　电子听音器

（7）炸药探测器

炸药探测器在不打开检测对象外包装的情况下，就可探测检测对象内部是否含有炸药及违禁的化学物品，常被机场、海关、监狱、公安、政府等重要部门使用，以检测重点区域的物品内是否隐藏有各种不同的爆炸物和危险化学品，如图 1-18 所示。

在人身或场所接触过炸药后，就会附有这些炸药的微小颗粒，能污染到人或接触场所的表面。在常温下，这些微小颗粒会自然挥发出蒸气，检测人员通过取样工具采集这些微小颗粒或蒸气，再利用炸药探测器进行分析。由于炸药探测器的灵敏度极高，只要有任何蛛丝马迹即能被发现并报警。

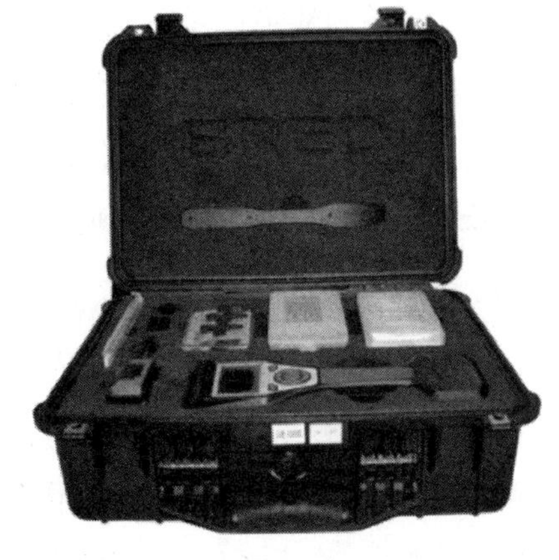

图 1-18　炸药探测器

四、场所安全检查任务的实施

1. 场所安全检查方案

场所安全检查方案的内容包括：工作任务(注明重点部位)、职责分工、工作流程、设备和器材的准备与使用、工作要求、处置方法等。在场所安全检查工作实施前，每一位检查人员都应熟悉并掌握方案的内容与要求，强调责任区域的落实，要求协调配合，不留盲点与死角，以确保方案的落实。

2. 室内、室外场地安全检查的实施步骤

（1）室内场地安全检查的实施步骤

室内场地安全检查是指对房间、过道、卫生间等室内设施进行检查，范围包括门窗、顶棚、电源、灯具、橱柜、水管等。以对酒店标准间进行安全检查为例，实施步骤如下：

1）成员任务及器材配备。安全检查小组由 5 人组成（以下分别用 A~E 进行编号说明)，各自使用的器材和分工职责是：检查人员 A 使用梯子、伸缩臂镜、节点探测器等器材对室内墙壁、顶棚、壁挂空调、壁画等进行检查；检查人员 B 使用相应设备工具对室内电器、暖气、天然气、管道、卫生洁具等进行检查；检查人员 C 使用手探等器材对室内家具及其他的配套设施进行检查；检查人员 D 使用软管窥镜、手探等器材协助小组其他成员对重点部位进行检查；检查人员 E 使用炸药探测器等器材协助小组其他成员对重点部位进行检查，检查后加贴封条。

2）检查的程序。进入室内前先由一人检查门窗，观察有无连线、悬挂物等，以免启动安装在门窗上的爆炸物。只有当确认门窗无爆炸物后，其他成员才能进入室内，使用合适的安全检查器材按顺序、无一遗漏地进行检查，具体程序如下：

①先用梯子登高对顶棚进行检查，然后用手电对壁画进行检查，再用非线性结点探测器检查墙壁。

②检查室内照明设备，包括桌灯、床头灯、落地灯等，先观察其外观，再观察其内部，最后做功能性检查；检查室内电器，包括电视、冰箱、电源、电话、室内所有开关等，先检查外观，再检查内部，最后做功能性检查，看其有无被拆动、改动或改装的痕迹；检查卫生间，包括各种卫生洁具、淋浴设备、洗漱设备等；检查下水道，要注意看接口处是否有松动或被拆动过。

③徒手对室内衣柜及其内部物品检查，对衣服采取拍、摸、捏的方法进行检查；通过手摸、直接观察的方法对室内所有抽屉及其内部物品进行检查，注意检查完毕后将其复原；采用手摸、直接观察的方法检查沙发和床及其底部是否藏有异物；查看窗户和窗帘是否连有悬挂物。

④用软管窥镜对人手、眼不易探测到的地方进行检查，如通风口、暖气片等设施的缝隙。

⑤对室内所有灯具开关、抽屉把手、电视机柜门，以及各类电器开关、电话、门把手等用炸药探测试纸擦拭取样，注意按顺序编号后放入炸药探测器进行化学分析。检查完毕后对检查场所用封条进行封闭。

（2）室外场地安全检查的实施步骤

室外场地安全检查范围包括广场、庭院、花坛、草地、假山、树木、道路等。

1）检查的方式和人员配备。检查的方式主要有顺序检查、分片包干检查和重点检查三种，检查人员可依照场地的大小合理配备。

①顺序检查方式适用于地域面积小、情况不复杂的场地。实施时根据检查目标确定人数，从远到近（或从近到远）、从上到下（或从下到上）、从左到右（或从右到左）顺序推进。如对广场、足球场草坪等空旷场所进行检查时，可使用扫雷器向前推进检查；对体育馆看台座椅进行检查时，可采用从上到下逐个座椅翻看的方法等。

②分片包干检查方式适用于地域面积大、情况复杂的场地，而且一般针对检查任务相对较多的情况。实施时根据检查目标确定人数，分组分片、定人定位、责任到人。如每年“十一”期间，对已经布置完毕的天安门广场进行场地安全检查，这样的室外场地上既有花丛草木，又有假山溪流，还有喷泉巨雕，地域面积大、情况复杂。因此，可根据地形地物，将检查人员分成若干小组，使用不同的安全检查专用器材，在划定的各自责任区内进行检查。

③重点检查方式适用于地域面积大，但目标集中、人力少的情况。如政要外出参加重要活动，从住地到活动场所，点多、线长、面广，没有能力对所有的点、面、线都进行检查，只能选择重要的、不法分子可能攻击的目标进行检查。

以上三种方式可相互交叉、互为补充。如对于一个大型活动场所，常常要组织精干人员选择重要部位采用重点检查方式；同时，又要根据检查目标的内部情况和使用安全检查器材的不同，分组分片采用分片包干检查方式；在每组当中，又常常采用顺序检查方式，无一遗漏地进行检查。

2）检查的程序

①确定目标。在安全检查之前，安全检查指挥员要详细查看活动场所及其环境，做到“一知”和“一预”，即知道场所内部和外部的结构及其环境特点，预测不法分子可能攻击的部位，以便在安全检查时重点实施。

②制订计划。活动场所的情况和易受攻击目标的情况了解清楚之后，负责安全检查的指挥员要结合具体情况，制订详细的安全检查计划，其主要内容包括：划分各个安全检查单元的检查目标和范围；规定参加安全检查的各个单元的人数和使用的器材以及进行检查的时间等详细方案。同时，要特别明确指定安全检查过程中由一个排爆小组跟随，负责处置安全检查过程中发现的爆炸可疑物，必要时还要拟订处置和运输转移爆炸物的方案。

③实施检查。计划一旦确定，就要严格按照场所安全检查的原则，遵照计划规定的时间和方式组织安全检查人员实施。实施安全检查时，要在安全检查现场设立一个现场指挥部，以便安全检查工作能统一指挥、协调一致。首先要清理安全检查现场中的无关人员，然后检查人员携带器材、驯犬员携安检犬进入现场进行检查。在检查过程中，排爆小组要携带排爆技术器材在现场待命，如果安全检查时发现了爆炸可疑物，要通知排爆小组就地做技术处理。对一些重要且技术性较强的部位，如电工房、电梯间、热力管道等，活动场所的管理者事先要留下足够的熟悉该部位的专业人员，如电工、电梯工、水暖工等，以配合安全检查人员实施检查。

④封闭控制。当安全检查工作结束之后，现场安全检查指挥员要与受检场所的保卫人员签订交接责任书，将检查后的场所交给现场保卫人员，由他们对现场进行封闭控制。对室内场所可采取贴封条并派人值守的措施；对室外场所，

可布置保安人员采取拉警戒线封闭、凭证进入的方法对安全检查完毕的目标进行控制。

3. 场所安全检查注意事项

（1）保证安全

“保证安全”包含两层含义：一是要确保被检查后的场地内没有爆炸物或其他不安全的因素；二是在检查中要注意自身的安全，防止出现划伤、碰伤、扭伤、摔伤、砸伤、触电或触发可能存在的爆炸物等人身伤害事故。

（2）封闭控制措施到位

场所安全检查一定要在清场、控制以后或有效封闭的条件下开始进行，并要求在检查完毕后有控制措施。

（3）文明执勤，规范作业

安全检查过程中，对于物品要轻拿轻放，不了解情况的不乱动；注意保护文物和古建筑；不破坏特殊场所（如主席台、贵宾室等）的整洁与整齐；尊重宗教礼仪与民俗等。

（4）运用逆向思维，注意发现“空间”

在安全检查时，我们经常会想：哪里能藏炸弹呢？而逆向思维则是：把炸弹藏在哪儿才不会被发现呢？所谓发现“空间”，就是要发现那些表面看似实体而并非实体的暗藏空间。例如，壁画后可能有孔穴，墙壁可能有夹层，地板下可能有暗道、房间等，这类“空间”最有可能被利用来暗藏爆炸物。

（5）宁可交叉重复，不能留有死角

在协同作业时，不要互相依赖，而要有默契。在互不相识的情况下应主动加强沟通。

（6）防爆炸为主，防暴力不忘，保安全无限

虽然防爆安全检查的主要任务是防爆炸，但防暴力犯罪、保全方位安全的责任早以纳入了场地防爆安全检查的工作范围。

（7）要有警觉性和信任同事的意识

在安全检查中需要“多疑”，应该对一切异常情况多加留意、探查到底，但对协同配合的同事应充分信任。

（8）做好登记

这一环节很重要，主要是为了明确责任。同时，登记材料本身也是资料，

可用于汇报和总结。登记的内容包括作业人员、检查时间、检查对象、检查情况（如发现的问题或查出的危险物品、封条编号等）。

4. 填写场所安全检查勘察报告

场所安全检查任务完成后，要张贴封条以确保任务区封闭，同时编制场所安全检查勘察报告。报告内容主要包括：按照安全检查实施方案完成工作的情况；参加检查的作业人员、检查的时间、检查的对象和检查的过程情况（包括发现的问题、检查出的危险物品、封条编号等）；安全检查工作总体评价；整改意见等。

五、重点场所（部位）的安全检查

1. 广场、庭院等室外场所安全检查

广场、庭院需要检查的部位很多，如花坛、草地、假山、树林、灌木丛、通道等，均属于重点安全检查的范围。实施检查时应根据工作范围确定参加检查的人数，分片分组，各组按所辖责任地段有组织地进行检查。其中的重点部位是：垃圾桶等可以移动且易有遮蔽空间的物品；翻动过的地面、修补过的墙壁以及临时堆积的物品；树上、电线杆上悬挂的物品；灯杆底座、下水道等设施。

2. 堂、馆等室内场所安全检查

举行重要的大型活动时，需要在一些大型公共场所进行，为保证使用场所的安全，在使用前要进行防爆安全检查。安全检查中除了全面检查以外，还要对重点部位做详细检查，做到安全防范、万无一失。对礼堂、会议室、体育馆、影剧院等堂、馆进行检查时，以人工搜索为主，并辅以探测仪器和生化探测手段，检查的重点部位主要包括以下几个方面。

（1）主席台

首先对主席台的台上、台下、乐池、幕布、地下室等进行细致检查，其次要检查所有的桌椅下面及背面是否藏有可疑物，最后再检查摆设的花盆、装饰物及茶具和其他遮蔽部分。属于临时搭建的主席台，主要依靠施工单位和使用单位派人监督，防止被设置爆炸装置。

（2）休息室和卫生间

要特别注意凸起的地面和地毯；门窗是最容易隐藏爆炸物品的地方，检查时要特别小心；要对室内的沙发、茶几等家具以及各种陈设、饰物，特别是灭火器、暖水瓶等容易被改装成爆炸装置的物品进行检查，并对各种容易隐藏爆炸装置的地方，如通风口、储水箱、下水道、顶棚顶内等进行检查。

（3）重要通道

要仔细检查重要人物必经的通道，使用节点探测器或伸缩臂镜检查通道的墙面和顶部，使用扫雷器检查通道的地面。遵循通道布置最简洁原则，除去一切可有可无的物品。

（4）工作间

如供电、录音、通信、转播等系统所占用的房间以及化妆室等，除进行人工搜索外，还需进行功能性检查。同时，对照明、电子、显示、扩音等系统外观检查后都需要试用以检验其能正常使用。

（5）座席

主要对有破损和重新修补缝合的部位进行检查，同时对座椅下面也要检查。

（6）供水、供暖、供气、空调等系统

主要靠平时的监护维修或结合消防进行检查，外观检查后还要试用。

此外，对体育场实施检查，除按照上述堂、馆检查方式外，对场地要使用扫雷器进行全面检查。有大型表演活动时，应注意对大型道具的检查。

3. 建筑物安全检查

各类建筑物的建筑结构不同，不法分子实施破坏的目的不同，因此爆炸装置安放的位置就有所不同。

（1）建筑物的承重部位和结合部位

不法分子一般选择建筑物的底层为爆炸重点，炸毁地下室的立柱和承重墙，切断二楼以上的梁柱结合部，要达到这个目的，一般需要较大的爆炸装置。因此，在检查时，就要重点检查地下室和楼房底层及其结合部位。

（2）建筑物的附属设备及隐蔽处

不法分子一般选择在电源部位、水暖管道、楼梯以及不易被发现的隐蔽处设置爆炸物。因此，对这类地方应重点检查。

4. 通信枢纽安全检查

通信枢纽包括电台、电视台、电报局、电话局等单位和设施，是传播信息的中心。通信枢纽安全检查的重点部位是：电台、电视台的电源部分；无线电发射装置、机械室、发射塔的底部；电信局的交换机室、电源室以及线路的引入线、地下线和配线装置等。

5. 桥梁、涵洞、隧道安全检查

桥梁、涵洞、隧道是连接交通运输线的重要咽喉通道，一旦这些地方遭到破坏，就会造成道路的中断。

（1）桥梁

不法分子企图破坏桥梁时，一般有局部破坏和彻底破坏两类。局部破坏只是炸毁小部分桥脚或上部结构；彻底破坏时，将炸毁桥梁的下部结构，使整座桥梁断塌。因此，安全检查时应仔细检查桥脚、桥墩、桥面以及桥墩与桥面的结合部等要害部位。对于不同结构、材质的桥梁，不法分子会对不同的重点部位进行爆破。例如：石桥或混凝土拱桥，只要炸毁桥脚，上部结构就会坍塌，整个桥面就会被全部破坏；钢筋混凝土桥或钢桥，由于其结构比较坚固，需要使用的炸药量较多，在桥脚、桥墩处安放炸药，也有可能炸毁桥面等。

（2）涵洞

涵洞拱顶部位为安全检查的重点。顶部被炸会使路基塌陷，还会堵塞水流的通道，导致积水增多冲毁路基。同时，要防止利用漂浮物携带爆炸装置炸毁涵洞。

（3）隧道

隧道两端入口的顶部或较长隧道中间的拱顶部位以及铁轨下是检查的重点部位，炸毁这些部位可以达到堵塞隧道的目的。隧道拱顶设置爆炸物可直接炸毁隧道，铁轨、路基处设置爆炸物可颠覆通过的火车、堵塞通道。

6. 地下管线安全检查

地下管线分为能通行的和不能通行的两类。能通行的地下管线有热力管道井等，不能通行的有自来水井等。对于不能通行的地下管线，其检查的重点是：开盖的铁箅子上是否有连线或其他异常现象；井底的土和井壁上有无新的被挖痕迹；表盘或闸盘上有无异物。对于能通行的地下管线，除了要重点检查以上三个方面以外，还要检查各种管道是否有破损或绑有异物。

7. 水域安全检查

水域安全检查，需要水域执法人员及相关人员与检查人员一起乘坐船艇对水域进行巡查，重点检查水域是否存在碍航物、水上漂浮物等情况，系统地了解和掌握核心水域通航环境状况，确保核心水域水上交通安全顺畅。根据巡查掌握的情况，按照拟订的安全保障方案，统筹做好相关水域的监管工作。要加强水域现场监管力度，所有进入水域的船舶必须进行信息核对，强化应急值班和应急预案管理，全力保障水上交通秩序的良好与稳定。

8. 水下安全检查

就水域安全保卫来说，一旦水下区域安全保卫环节薄弱，不法分子就有可能利用水下蛙人、机器人和小型水下运载器等对水域重要设施进行破坏。

水下安全检查由检查人员穿着潜泳装备对指定水域的水下进行排查，重点检查是否有水下爆炸物。根据潜水作业和应急安全保障方案，所有潜水活动前都需要进行风险评估，将风险降低到合理的水平。检查人员身着潜水服、脚穿蛙鞋、面戴呼吸器进行下潜，并不时切换悬浮、横进、上下浮动等动作，手持金属磁力仪，对水下物体进行搜索。检查水下物件要从高处开始，逐步向下移动，必要时用索具拴牢切割物，避免砸伤作业人员或砸坏潜水装具。使用自携式潜水装备在水下作业可能遇到的危险情况包括面罩进水、面罩脱落、咬嘴脱落、水下绞缠、溺水、供气中断等。

（1）水下主要监控设备

目前，世界上很多发达国家基本上都从事了重点水域水下防护与监控的研究和设备开发工作，其中最主要的监控设备便是蛙人探测声呐。当蛙人不依赖于运载器在水下行动时，对港口等重点水域设施的威胁相当大，由于其体积小、反射回波弱，因此只有蛙人探测声呐才能够探测到。

蛙人探测声呐通常采用高频主动声呐探测技术，并具有高分辨率、实时声图等特性，其探测范围在几百米至上千米，常被布放在岸边或海（江）底，可以实现对蛙人、游泳者和小型水下运动目标的自动探测、跟踪、识别与报警，是目前对海港、码头、海上石油平台、舰船系泊区等重点水域进行水下监控的主要设备。

蛙人探测声呐系统的方位分辨率越高，就越有利于对目标的探测和识别。然而，由于水下声音传播的特性为水下声波信号衰减与信号频率成正比，所以在同等条件下，频率越高，衰减越快，有效传输距离也越近。蛙人探测声呐运用于水下安保，就需要有尽量远的探测距离，以达到较长的预警处理时间。目前蛙人探测声呐的设计主要受到分辨率和作用距离的制约。

就蛙人探测声呐本身来说，未来仍有较多技术问题需要解决。其中的关键是如何进一步提高信噪比，在保证目标分辨率的情况下得到较远的探测距离，以达到较广的监控范围和较长的预警时间。作为水下安保系统，蛙人探测声呐必将向大规模集群声呐系统发展，在单套声呐探测距离有限的情况下，依靠多套声呐间的配合达到更大的探测范围，从而使其应用于较广阔的重点水域，构成多套声呐监控网络。

（2）水下手持式金属磁力仪

1）性能特点。结构紧凑结实、操作简便、灵敏度极高，可探测各种金属物体，具有稳定的信号感应技术系统及清晰洪亮的声音信号指示。

2）应用范围。适于淡水和咸水环境的水底探测。探测范围很广，只要是潜水员能到达的水域，该仪器都可以对目标物进行精确定位，特别是定位那些深埋于海床底下的金属物体。

3）操作原理。利用脉冲感应的原理进行工作，该原理的优势就在于可应用于咸水中（海底探测）。探测器通过探头来传送短磁波脉冲信号，该脉冲信号使被测金属物产生一个响应信号，根据信号响应形式反映探测结果，可确定目标的大小和距离。该设备可探测含铁和非含铁的金属和合金物体，探测的精确度主要受目标物的大小、材质和距离等因素影响。例如，对于像钱币大小的目标物，磁力仪能对其探测到 25 厘米的深度；对于大体积目标物，则能检测到 1 米多的深度。

六、对检查出存在安全隐患的物品和装置进行处置

检查中发现非现场必需的工具、利器或其他可用于施暴的物品，应交现场保卫部门控制或由他们做出处理。对于少量必需的易燃品，应提醒责任人严格控制，防止被他人利用；对于大量非必需的易燃品，应果断要求撤出，特殊情况应请示上级。发现枪支弹药或爆炸物，要就地控制、立即报告、说明情况、请示处理。一旦发现不法分子或可能是不法分子设置、暗藏或遗留的各种物品、痕迹，应及时报告领导，并予以先期保护，为调查取证保留条件、提供方便。在未彻底检查前不要随意触动可疑物品。

对发现的其他安全隐患，能就地排除的就地排除，对于不能就地排除的应拿出意见请有关部门处理，重大或紧急情况要向上级报告。万一发生爆炸或其

他重大意外事故，要立即向上级报告，必要时可越级报告，报告时要说明情况、听候指示。现场有人员伤亡时，应立即开展自救互救；引发火灾时，应尽力灭火以减少损失；条件允许时要尽可能地保护现场，以利于后期的调查取证。

第二章　随身护卫

第一节　随身护卫概述

一、随身护卫的历史渊源

1. 中国古代镖局与现代随身护卫

在我国古代，有一种行业被称为“镖局”或者“镖行”，从事这种行业的人被称为“镖师”或“镖客”。古代镖局最主要的业务就是替别人押运贵重物品和保护商旅们的旅途安全。镖局作为一种社会现象，是以护卫为基础而萌发出来的，它是适应经济社会发展的产物，这在很大程度上与现代的“随身护卫”服务有相似之处。镖局虽然早在20世纪20年代就消失了，但它毕竟在中国的历史长河中存在了很长时间，由于记载这方面的历史文献非常少，因此关于“保镖”“镖局”的产生与兴起的时间也就无从考究。“镖”字前面的金字代表十八般兵器，后面的票代表票号的银两，所以“镖”字可看成是用武力来保护钱财安全的意思。

2. 古代镖局与现代随身护卫工作的联系

古代镖局与现代的保安服务业中的随身护卫业务具有一定的相关性，它们的相同之处在于：第一，都产生于社会商品经济较为发达的历史时期；第二，提供的都是有偿服务，这与国家专门机构提供的安全保障有着明显的区别；第三，具有一定的组织和规模；第四，对人员素质要求高。

现代随身护卫工作与古代镖局的不同之处在于：第一，现代的保安服务业已经纳入国家的法律法规监管之下，属于国家安全保卫的补充力量，由公安机关进行监管；第二，随身护卫业务只为合法正当的人身和财产权益提供保护。

3. 国外随身护卫的历史

国外随身护卫业务发展历史悠久，而且很早就形成了一定的规模。各国关于随身护卫业务的名称也不尽相同，被称为私人警务、私人保镖等。国外随身护卫最初起源于私人警务，而私人警务的历史最早可以追溯到 16 世纪的英国。当时，英国伦敦的一些富人和企业，雇用年富力强的人来保护自己的财产安全。到了 18 世纪，资本主义大工业在国民经济中占据统治地位，资本家也积累了大量的财富，因而对安全的需求也日益增加。同时，城市的发展也导致了大量移民涌入，造成犯罪率上升，而政府的安全管理措施明显滞后，因此，形形色色的私人警务便相继出现。一些大企业为保护自己的安全，开始组建自己的保安队伍，这些都可以被看作是私人警务的早期形式。

二、随身护卫的概念和特点

1. 随身护卫的概念

随身护卫是指根据合同约定对需要护卫的对象进行警戒和保护，保障其人身及财产安全的一种保安服务活动。概念中的“随身”是贴身、跟随的意思；“护卫”是指借助一定的力量，依法对特定目标实行的保护活动。

（1）随身护卫存在的必要性

随着市场经济的迅速发展和人民生活水平的不断提高，我国的社会结构发生了巨大变化，公民对个人的安全需求也随之提高，个人人身安全保护成为社会关注的热点问题之一。随身护卫在客观上存在很大的必要性，缘于多方面的原因。

1）弥补了社会治安防控体系的不足。长期以来，政府治安防控体系承担了保护公民人身安全的主要责任。但是，随着社会、经济的发展，人们的物质文化水平也得到普遍提高，同时，随着经济体制改革和现代化进程的推进，我国社会相应产生了一些不安全因素，治安形势依然严峻。社会多元化必然导致对安全需求的多元化，随着经济的发展，高收入阶层的人数不断增加。由于拥有大量的私人财富，这些群体有可能成为一些不法分子侵害的对象。一段时期以来，一些民营企业家、富商相继遭到个别不法分子的暴力袭击，甚至被杀害，媒体也有相关的报道。在这样的社会背景下，由保安服务公司提供随身护卫来保护私人的人身及财产安全，可以使整个社会的治安防控体系更加完善。

2）与世界各国的安全保卫行业接轨。加入世界贸易组织（WTO）后，我国保安服务业也开始对外开放。与国外发达的保安服务业相比，我国保安服务业的技术含量较低，且大多数是较低层次的传统保安服务项目，无论是在规模上，还是在服务质量上都有很大的差距。相对而言，随身护卫是比较高端的服务项目，目前国内随身护卫业态发展规模小、专业化程度低，这一方面与国内治安环境总体安全可控不无关系。

3）法治建设的必然结果。随着我国法治建设的不断深入，对公民个人利益的保护成为必然的趋势。特别是随着经济发展和人民生活水平的提高，对公民人身和财产的保护越来越受到重视，把随身护卫纳入保安服务公司的服务范围将会更加有利于对公民人身财产权益的维护。

4）市场经济发展的必然结果。市场经济体制的强大力量在于通过市场手段达到生产要素的优化配置。在市场经济体制下，把随身护卫的职能交给市场，这是市场经济的必然规律，不以人的主观意志为转移。

5）完善保安服务行业发展的客观要求。从 1984 年在深圳蛇口成立第一家保安服务公司起，在几十年的时间里，我国保安服务业经历了从无到有，逐步发展壮大，并日趋走向成熟的过程。保安服务公司经营范围不应局限在传统的项目上，而应适应社会发展的需要，拓宽服务领域的范围，特别要满足客户对随身护卫服务的需求。

（2）随身护卫工作的属性

随身护卫工作的性质可理解为：依照我国法律法规，由具有行业资质人员履行护卫服务协议中所规定的责任义务，确保护卫对象人身和财产安全的一种保安服务行为。在商务活动中，随身护卫本身不属于政府行为，但大多活动又关系到政务、外交、经济、文化、宗教等方面的事务。因此，商务活动中的随身护卫工作必须要在法律法规允许范围内进行，这是随身护卫服务工作的一条基本准则。

2. 随身护卫工作的特点

（1）护卫对象的特定性

随身护卫的服务对象是人及其拥有的合法财产和利益，这些人主要包括社会名流、文体明星、企业家、证人和一些其他人员等。这些特定对象由于自身需求，除了政府相关力量提供的社会公共安全之外，还需要保安服务公司提供个性化安保服务。目前，随身护卫服务对象以企业家和文体明星为主，并以他们所在公司的名义与保安服务公司签订合同。

（2）护卫工作中应对事件的突发性

随身护卫的目标是保护人身和财产的安全，因此常常需要面对各种突发事件，以及具有不同目的的可疑人员。不仅会有来自对护卫对象实施的各种伤害性事件，还可能要面对各类紧急状况的处置，例如护卫对象自身不配合、突发疾病等情况，以及一些突发的火灾、爆炸事故等灾害事件。此时，随身护卫人员是护卫对象身边的最后一道防线，为了更好地应对危机，他们必须具备良好的心理素质、敏锐的观察力、快速的反应力、准确的判断力和良好的应急处置能力。

（3）护卫工作的风险性

由于随身护卫服务是为护卫对象提供全方位的安全保障，因此要随时随地替护卫对象化解和承担安全风险。

（4）护卫与被护卫的互动性

护卫对象具有不同的性格特征，他们将面临不同的风险。例如，有的护卫对象性格傲慢、嗜酒如命、拒不听从护卫人员的履职安排，或者自行变换护卫计划、随意下车，尤其是在重大活动或面对突发事件时，若仍我行我素，不服从护卫人员指挥，极有可能酿成不良后果。为此，应注意以下几点：一是在护卫合同签订时，应把可能遇到的风险明确告知对方，并写入合同条款中；二是告知护卫对象应遵守合同所设定的内容，服从护卫人员的指挥，并将配合护卫工作的要求写入护卫合同中；三是护卫人员要做到原则性和灵活性相统一，与护卫对象和谐相处，有较强的沟通协调能力，使护卫对象建立起对护卫工作专业性的高度信任、配合默契，达到安全、圆满完成随身护卫任务的目的。

三、随身护卫的基本任务

1. 随身护卫的主要服务对象

（1）社会名流

由于社会名流的社会知名度高，受社会关注程度比较高，他们的出行深受媒体或社会部分群体的注意，其中不法分子也会觉得有机可乘，伺机活动，会影响到他们的正常活动和人身安全，因而常常需要随身护卫服务。

（2）文体明星

一些文体明星的社会知名度高，他们一旦出现在公共场合，会引来许多群众围观、追逐、索要签名等，同时个别人员也会对护卫对象做出比较极端的行为，给他们造成一定的伤害。有的知名艺人在演出期间被热情的“追星族”强行拥抱、抓伤、侵袭，或在生活中被追踪拍摄者偷拍而曝光隐私的事件屡屡发生。因此，演艺界、体育界知名人士为了保障其自身安全和工作不受袭扰，一般都需要保安服务公司提供随身护卫服务。

（3）企业家

这类人员有可能受到绑架、恐吓、敲诈勒索等不法侵害行为的威胁。因此，一是为自己保驾护航，保护自己及家人的生命和财产安全；二是防患于未然，为防止事故或危险的发生所做的安全防范措施。出于这两个目的，这类人员会聘请保安服务公司的随身护卫人员为其服务。

（4）证人

证人在法律上是指除当事人外，能对案件提供证据的人员。证人对诉讼发挥着重要的作用，对案件的审判结果有着重大的影响，其人身、财产经常会受到犯罪嫌疑人的伤害，因此对于证人的保护至关重要。为了对证人的保护更加完善，可以聘请保安服务公司的随身护卫人员为其提供相应服务。

（5）其他人员

一切需要提供随身护卫的人员，诸如护卫对象在遭受人身恐吓、威胁等特殊情况时，根据实际情况，保安服务公司也可为其提供随身护卫服务。

2. 随身护卫服务类型

随身护卫可以按时间、空间、规格和工作性质等进行分类，还可以依据护卫工作的级别来分类。本书根据不同场景护卫工作基本技战术的运用，以空间分类的方法，将随身护卫分为封闭护卫、开放护卫和交通护卫三类。

（1）封闭护卫

封闭护卫是一种以护卫对象住地为主要工作环境的随身护卫工作，这种护卫工作的特点是场所固定，容易采取各种人防、技防和物防等安全措施，住地可能是酒店、别墅或者是民居，护卫对象主要集中在住地附近活动。封闭护卫工作主要围绕服务对象的日常生活展开，其工作优势是环境相对封闭、熟悉，护卫人员可以根据实际情况做一些安全防御工作，处于相对主动的地位，突发事件发生的概率要小一些。但是为了防患于未然，进一步降低发生突发事件的可能性，就必须深入地了解住地周边的环境，对可能发生的所有情况制定具体可行的应对办法，针对可能发生的突发事件做好应对预案，预案应将各类突发事件涵盖在内并使其可控。

（2）开放护卫

开放护卫是一种在开放环境下的随身护卫工作，它一般是在某一特定公共场所保护护卫对象参加某种现场活动，其特点是场所固定、人员流动性强、情况复杂、护卫人员对工作环境不熟悉等。而且在工作中，护卫人员往往处于被动防御状态，所以要求护卫人员必须有较强的临时组织、协调和配合的应变能力。

开放护卫又可分为特定场所护卫和流动场所护卫。特定场所护卫一般是在会议室、体育馆等相对固定的公共空间进行，需要护卫人员在参加活动前对场地及参加会议或活动的人员情况有全面的了解，以便在有人主动靠近护卫对象或者其活动场所时，能及时判断出对方是否有不良企图。流动场所护卫的特点是人员流动性大、环境开放度高，护卫对象不是在原地不动的，基本上是在走动中完成活动，因此更容易受到伤害。在这种情况下，就需要护卫人员紧随护卫对象，当护卫对象在驻足长谈、参观或者参加活动时，护卫人员应当在护卫对象周围迅速形成一个保护范围，以防突发事件的发生。

（3）交通护卫

交通护卫是保护护卫对象乘坐交通工具从出发地到目的地的一个护卫工作过程。在护卫对象乘车出发前必须做好以下三项工作：

一是物品齐。检查所需物品是否带齐，包括常用物品、手电、急救包、急救药品、护卫对象所需的特殊物品以及护卫对象本人特殊的急救药品。

二是留记忆。离开房间时，要记住临行时屋内的各种物件的摆放情况，这样就可以防止在人员离开后，有人私自进入房间，安放各种危险品或窃听设备。而且在护卫人员返回时能够及时发现、处理问题，从而降低护卫对象的安全风险。

三是细检查。认真细致地检查所乘车辆的安全状况。

当然，上述护卫类型并非固定不变，往往需要综合运用。无论哪一种护卫类型，护卫人员为保护护卫对象的人身、财产安全，都应掌握周边情况，掌握护卫对象的活动情况以及其与外界的联系情况，落实安全措施，加强预测和防卫，筑起一道安全屏障，使不法分子无法靠近护卫对象及其工作、生活区域，确保护卫工作任务顺利结束。

四、法律依据

随身护卫人员在执行任务时，特别是在徒手、使用器械进行防卫的过程中，必须熟知国家法律法规的有关规定。保安服务公司与客户签订的随身护卫服务合同不能违背有关法律法规的规定，随身护卫人员应按照保安服务公司与客户签订的合同要求提供服务。

1.《保安服务管理条例》

2010 年 1 月 1 日起施行的《保安服务管理条例》正式把随身护卫纳入保安服务内容。

2. 其他法律依据

随身护卫人员应特别注意以下几个方面的法律规定。

（1）正当防卫

《中华人民共和国刑法》第二十条规定：为了使国家、公共利益、本人或者他人的人身、财产和其他权利免受正在进行的不法侵害，而采取的制止不法侵害的行为，对不法侵害人造成损害的，属于正当防卫，不负刑事责任。

（2）紧急避险

《中华人民共和国刑法》第二十一条规定：为了使国家、公共利益、本人或者他人的人身、财产和其他权利免受正在发生的危险，不得已采取的紧急避险行为，造成损害的，不负刑事责任。

（3）扰乱公共秩序的行为

根据《中华人民共和国治安管理处罚法》第二十三条到二十九条的规定，扰乱单位秩序的行为、扰乱公共场所秩序的行为、扰乱公共交通工具上秩序的行为和扰乱大型群众性活动秩序的行为、寻衅滋事的行为，可以进行治安处罚。特别是第二十四条明确规定：有围攻裁判员、运动员或者其他工作人员等扰乱文化、体育等大型群众性活动秩序的，处警告或者二百元以下罚款；情节严重的，处五日以上十日以下拘留，可以并处五百元以下罚款。

（4）侵害他人人身权利的行为

侵害他人人身权利的行为是指非法侵犯公民人身和其他与人身直接有关的权利，尚未构成犯罪，依法应当给予治安管理处罚的行为。根据《中华人民共和国治安管理处罚法》第四十条规定：非法限制他人人身自由、非法侵入他人住宅或者非法搜查他人身体的，处十日以上十五日以下拘留，并处五百元以上一千元以下罚款；情节较轻的，处五日以上十日以下拘留，并处二百元以上五百元以下罚款。第四十三条规定：殴打他人的，或者故意伤害他人身体的，处五日以上十日以下拘留，并处二百元以上五百元以下罚款；情节较轻的，处五日以下拘留或者五百元以下罚款。第四十四条规定：猥亵他人的，或者在公共场所故意裸露身体，情节恶劣的，处五日以上十日以下拘留；猥亵智力残疾人、精神病人、不满十四周岁的人或者有其他严重情节的，处十日以上十五日以下拘留。

（5）侵害财产权利的行为

《中华人民共和国治安管理处罚法》第四十九条规定：盗窃、诈骗、哄抢、抢夺、敲诈勒索或者故意损毁公私财物的，处五日以上十日以下拘留，可以并处五百元以下罚款；情节较重的，处十日以上十五日以下拘留，可以并处一千元以下罚款。

第二节　随身护卫准备工作

一、随身护卫任务基本信息采集

随身护卫任务基本信息采集的范围主要包括护卫对象及其相关人员的信息和护卫工作环境的信息等。采集的信息主要通过网络调查、相关人员咨询、现场勘查等方法获得。采集到相关信息后，需要经过信息分类、信息筛选比对、建立护卫勤务信息数据库等过程，完成基本信息的管理。

情报信息在风险识别阶段非常有价值，通过获取的情报信息能够对风险评估过程进行掌握和研究，是做好预防和控制各类突发事件工作的关键。根据理论与实践，保护护卫对象最关键的措施在于事先掌握情报信息，能在不法分子实施侵害以前进行控制。

护卫人员在接受随身护卫任务后，应根据合同要求，全面采集护卫对象的基本信息和相关信息。随身护卫人员在工作过程中，必须保持高度警觉，既要从整体上也要从局部细节上分析各种风险因素，在此基础上，进一步加强事先的防范措施落实。同时，随身护卫工作还应把握社会层面情况：了解和掌握不法组织的主要活动区域、攻击对象、袭击方法和手段；不法分子的组织情况、活动方式及其在主要活动地区的分布情况等；各地社会治安状况、犯罪手段和方式等。

1. 信息采集内容

（1）人员信息的收集

在执行任务前，需要对护卫对象以及与护卫对象密切相关的人员进行深入细致的了解，以便能够在执行任务时，恰当地处理各种人际关系，预防不法分子对护卫对象可能造成的伤害，为顺利完成护卫任务奠定一个良好的基础。

1）根据与护卫对象的亲密程度，可将相关人员分为 3 个层次，即家庭成员、社会关系和其他相关人员。

①家庭成员主要指的是与护卫对象有亲属关系的人员，以及与护卫对象在生活上有密切接触的人员，主要包括父母、配偶、子女等亲属，还包括家庭医生、保姆、司机、家庭雇工等。因为这些人能够与护卫对象近距离接触，并且有机会与护卫对象单独相处，所以在信息收集过程中是重点。在执行护卫任务过程中，也应随时密切关注这些人的动向。

②社会关系主要指的是与护卫对象在工作、生活上有各类关系的人员，包括朋友、同事、同学、合作伙伴以及可能与护卫对象密切接触的其他人员等。

③其他相关人员指的是与护卫对象因为各种原因而产生临时关系的人，包括外出参加活动现场的工作人员、服务人员、歌迷、影迷、记者等。在到达活动现场之前需要对这些人员进行了解。

2）在执行随身护卫任务前，需要采集与护卫对象密切相关人员的以下信息：

①人员的基本信息。称谓（姓名、曾用名、昵称、别称）、性别、年龄、血型、面部特征、体型特征、发型特征、个人爱好、特殊癖好等。

②人员的背景信息。文化程度、家庭背景、宗教信仰、社交背景、个人社会关系、婚姻状况、财务状况、政治倾向、社会曝光率、社会关注度、个人的风险因素等。尤其要关注个人的风险因素，风险因素并不等于现实危害，不同的风险因素可能造成危害的程度会有很大差异，这就需要做出正确的分析判断，如对护卫对象有哪些潜在威胁及其导致威胁的因素所在、威胁发生的可能性有多大等。风险因素也是风险评估的核心内容和第一要素，对其分析判断，是风险评估的中心环节，是部署、投入人力多少以及采取具体安全措施的重要依据。

3）护卫人员要采集了解护卫对象的基本情况，包括体貌特征、身体健康情况及个人一些基本的生活习惯及禁忌等，具体内容如下：

①体貌特征。主要是指护卫对象的一般体貌和特征，比如护卫对象的身高、体重、脸型、肤色等。特征是区分与其他人不一样的人体特殊标记，比如是否

有胎记、明显的疤痕、身体残缺等一些具有区别于他人的特殊之处，这样便于描述和迅速辨认。

②身体健康情况。必须采集了解护卫对象的身体健康状况信息，不仅通过护卫对象的自我描述，还要通过护卫人员的一些医学常识来进行判断，因此护卫人员了解一些中西医诊病的常用方法是大有裨益的。

③护卫对象的生活习惯以及生活禁忌也需要主动去了解，如果护卫对象是少数民族或者有某种宗教信仰，就需要护卫人员充分了解其所信仰的宗教禁忌，防止出现一些不和谐事件。此外，还需要了解护卫对象的个人习惯禁忌，有的护卫对象可能除了一些常见的个人生活习惯外，会有一些比较特殊的个人生活禁忌，以及这类禁忌可能给护卫对象带来的安全风险。在完成以上工作后，还需要制作护卫对象的身份识别卡，其中包括护卫对象的近照、血型、DNA 识别（或护卫对象的毛发）等一系列的身份识别内容。

（2）护卫对象所处的环境信息

环境信息指的是随身护卫人员围绕着护卫对象执行护卫工作任务时，将要到达的所有场所的信息。环境信息包括以下内容：

1）护卫对象住地环境信息。包括住地的名称、地址、附近标志性建筑物（包括传统的称呼）、周边交通情况、周边的支援单位等；住地的内部结构、建筑物的基本构造和住地的地形、人防、技防、物防等；护卫对象所在的位置、处所及周边环境等。此外，还要了解护卫对象的活动情况、活动意图，与有关方面加强联系；确定使用的通信设备和交通工具，确保行驶路线的安全；准确地掌握护卫对象的动态及活动时间。

2）护卫对象住地（如宾馆、酒店、别墅、民居）的地理情况及其周边的情况。要熟悉护卫对象住地所在行政地区的具体名称，以便于报警或者联络支援的时候能够清楚地报告自己的位置，同时要清楚地知道负责此地的行政管理单位（如公安机关、卫生部门等）的具体位置，尤其是最近的报警点和最近的社区、中高级医院的具体位置和路线，方便必要时报警、就医与急救。还要采集了解附近的餐饮地点，并且清楚地知道这些餐饮地点的地理位置，餐厅内与安全有关的一些情况，比如安全撤离通道是否通畅等情况。护卫人员更要了解住地周边娱乐场所的具体情况，尤其是服务一些比较喜欢光顾娱乐场所的护卫对象，护卫人员一定要清楚地了解这些场所的情况。了解餐饮、娱乐场所可以更好地体现出护卫人员的服务性质，当护卫对象在没有护卫人员的情况下私自到这些场所时，护卫人员能够及时有效地做出处理突发事件的预案，以备不测。护卫人员还要采集距离住地 400 米以内的制高点（各种建筑）的一些情况，并且每次出行都必须注意这些地方的变化，防止远程的枪击事件。

（3）护卫对象的交通出行信息

护卫对象有公共场所活动安排时，护卫人员要事先了解活动情况，确定行车路线、车辆检查情况或其他交通工具的安全情况和停车位置；事先了解接触护卫对象的人员范围，掌握好活动时间，及时提醒转换地点；事先了解所要途经路线的交通环境、途经区域的支援单位和目的地的环境信息及人防、技防、物防等情况。

护卫人员明确住地周边的交通情况是为了更好地帮助护卫对象安全出行。护卫人员需要知道住地周围公路的具体名称，以及交通高峰期的大致时间，是否有避开周边交通高峰期的其他线路。还要了解附近的公共交通的情况，以便在一些特殊情况下能够换乘公共交通工具出行。比如，在安全级别不高的护卫情况下，遇到交通拥堵情况，就可以换乘地铁或者其他交通工具，使护卫对象能够安全及时地到达目的地。如图 2-1 所示，如果从 A 点出发到达 B 点，有很多条路线可以选择，需要根据实际情况来选择合适的出行路线，将护卫对象安全地护送到目的地。

（4）护卫对象住地内部结构信息

护卫人员首先要了解护卫对象住地内部的所有通道情况，主要分为以下几种情况：

1）宾馆、酒店等公共居住场所。如果护卫对象下榻宾馆、酒店，首先，护卫人员就要明确宾馆、酒店的各安全通道的具体位置，以及其相对于护卫对象所居住的房间的具体方向及到达各出口的路线。其次，要了解各楼层的楼梯出口、电梯口相对于护卫对象房间的位置，能够在光线不好的情况下及时地将护卫对象护送到楼梯的安全出口。最后，护卫人员要清楚护卫对象房间的门窗的位置，与自己的卧床或者护卫对象的卧床距离，并且在能见度较低的情况下能够清楚地辨认出门窗的具体位置。

2）别墅、民居等私人居住场所。首先，护卫人员要清楚地知道整个建筑通

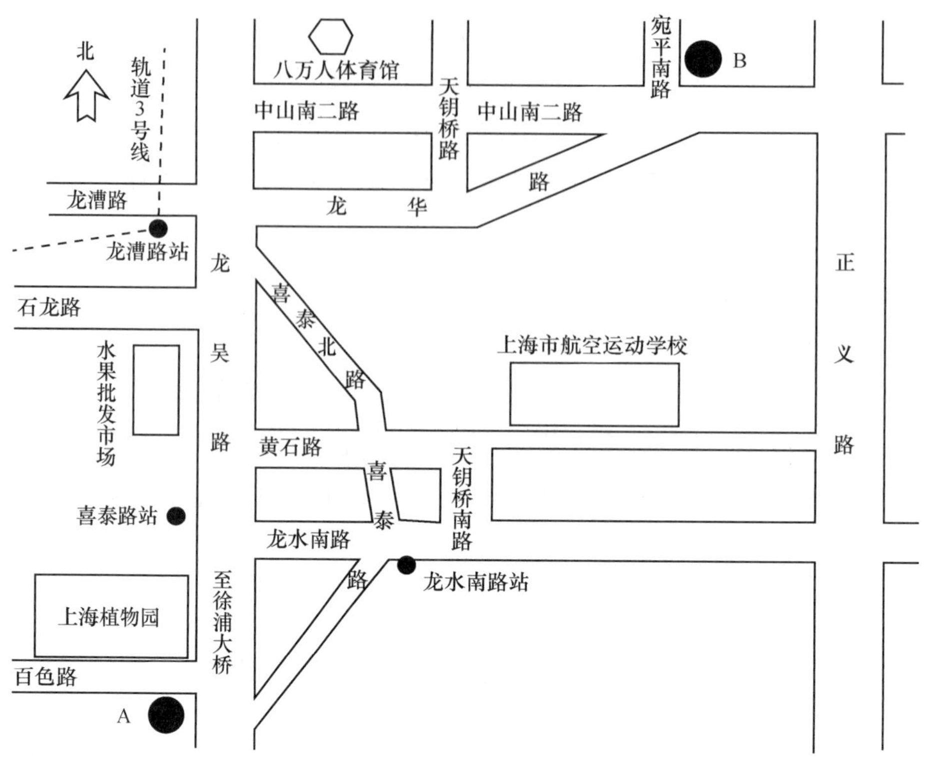

图 2-1　路线选择

道的情况，了解建筑的结构。其次，护卫人员还要在了解通道情况的基础上，了解建筑内的安全消防工具、火灾报警设备的具体位置，能够做到及时有效地护送护卫对象撤离现场。再次，不论在宾馆、酒店还是在别墅、民居，护卫人员都要清楚紧急救助工具的位置，最好护卫人员自行携带，并且将其放在比较容易取到的地方。最后，护卫人员还要在每一个房间内选择一处紧急避险点，以备在无法及时撤离住地的情况下应急使用。如果方便，可以在紧急避险点储备一些常用工具。这种紧急避险点可以设在护卫对象的住地，在护卫对象日常活动范围的空间内合理设计一个，可以选择一些避开窗户的光线、通风的地方，而且还要坚固结实，可以是房间的墙角，或者其他一些合适的地方。比如突发性的远处枪击，而且不能够及时判断对方所处的位置，这时就要首先将护卫对象护送到这种临时的安全隐蔽区（紧急避险点），在确定安全的情况下，才能够护送护卫对象逐步撤离现场。如图 2-2 所示，住地有两个安全出口，一个是正门，另一个就是车库门，在布控的过程中，需要在这两个出口处分别安装隐蔽的监控设备，以便于在紧急情况发生的时候能够及时观察出口情况。如果发生枪击事件，则把卧室的卫生间作为紧急避险点，因为那里有水源，而且空间隐蔽。最重要的是卫生间离车库门比较近，能够在确保比较安全的情况下迅速撤离现场。在选择撤离的路径时，如果车库门没有被封，则最好选择车库门，因为乘坐汽车撤离现场要比徒步更加安全。

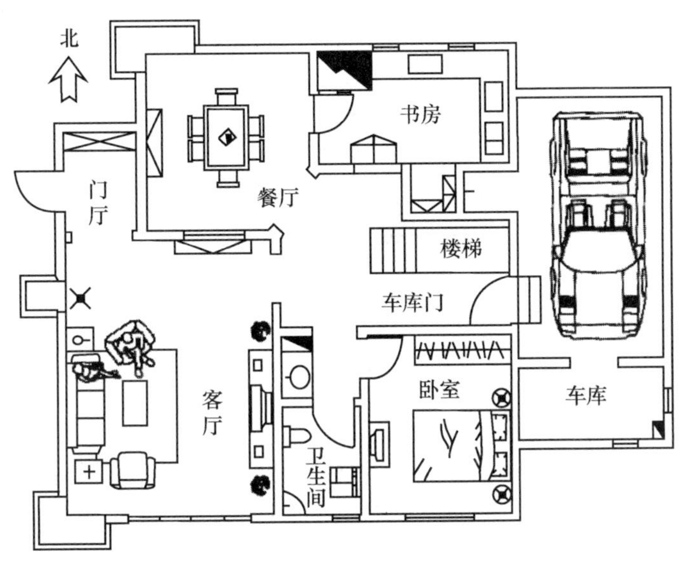

图 2-2　住地的结构

（5）护卫对象住地周边人员的情况

为了能够确保和及时发现可疑人员，护卫人员需要清楚地了解住地周边人员的大概情况。

2. 信息采集表

信息采集可按表 2-1 至表 2-5 的内容进行。

表 2-1　　　　护卫对象基本情况调查表

（正面照和背面照）		（左侧照）		（右侧照）	
姓名		曾用名		昵称	
性别		年龄		出生日期	
籍贯		血型		文化程度	
宗教信仰		婚姻状况		身高、体重	

续表

<table>
<tr><td>喜欢的食物</td><td colspan="5"></td></tr>
<tr><td>个人爱好</td><td colspan="5"></td></tr>
<tr><td>嗜好</td><td colspan="5"></td></tr>
<tr><td>社交背景</td><td colspan="5"></td></tr>
<tr><td>财务状况</td><td colspan="5"></td></tr>
<tr><td>政治倾向</td><td colspan="5"></td></tr>
<tr><td>社会知名度</td><td colspan="5"></td></tr>
<tr><td>媒体曝光率</td><td colspan="5"></td></tr>
<tr><td>健康状况</td><td colspan="5"></td></tr>
<tr><td>家族病史</td><td colspan="5"></td></tr>
<tr><td>精神情况</td><td colspan="5"></td></tr>
<tr><td colspan="6">家庭关系情况</td></tr>
<tr><td>姓名</td><td>性别</td><td>年龄</td><td>关系</td><td>关系密切度</td><td>备注（照片）</td></tr>
<tr><td></td><td></td><td></td><td></td><td></td><td></td></tr>
<tr><td></td><td></td><td></td><td></td><td></td><td></td></tr>
<tr><td colspan="6">社会关系情况</td></tr>
<tr><td>姓名</td><td>性别</td><td>年龄</td><td>关系</td><td>关系密切度</td><td>备注（照片）</td></tr>
<tr><td></td><td></td><td></td><td></td><td></td><td></td></tr>
<tr><td></td><td></td><td></td><td></td><td></td><td></td></tr>
<tr><td>其他情况备注</td><td colspan="5"></td></tr>
</table>

表 2-2　　相关人员基本情况调查表

<table>
<tr><td>姓名</td><td></td><td>与护卫对象的关系</td><td></td><td rowspan="4">（照片）</td></tr>
<tr><td>性别</td><td></td><td>年龄</td><td></td></tr>
<tr><td>宗教信仰</td><td></td><td>血型</td><td></td></tr>
<tr><td>联系方式</td><td></td><td>文化程度</td><td></td></tr>
<tr><td>婚姻状况</td><td colspan="4"></td></tr>
<tr><td>健康状况</td><td colspan="4"></td></tr>
<tr><td>风险因素</td><td></td><td>风险级别</td><td colspan="2"></td></tr>
<tr><td>其他情况备注</td><td colspan="4"></td></tr>
</table>

表 2-3　住地环境信息调查表

住地地图、示意图	
住地的内部结构图	
住地名称	
住地地址	
住地附近标志性建筑物	
支援单位	
周边交通情况	
建筑物的基本构造	
住地地形	
人防情况	
技防情况	
物防情况	
其他情况备注	

表 2-4　外出的交通环境信息调查表

交通线路图	
备用线路图	
交通工具	
途经路线的交通状况	
途经区域的支援单位	
目的地的基本情况	
人防情况	
技防情况	
物防情况	
其他情况备注	

表 2-5　护卫对象在外活动场地信息调查表

活动场地地图、示意图	
活动场地内部结构图	
活动场地的名称	
活动场地的地址	

续表

活动场地周边的标志性建筑物	
活动场地周边的交通情况	
活动场地周边的支援单位	
活动场地建筑物的基本构造	
活动场地的地形地势	
人防情况	
技防情况	
物防情况	
其他情况备注	

3. 信息采集规范

（1）采集原则

信息采集有以下 7 个原则，这些原则是保证信息采集质量最基本的要求：

1）可靠性原则。信息采集可靠性原则是指采集的信息必须是真实对象或环境所产生的，必须保证信息来源是可靠的，必须保证所采集的信息能真实地反映实际状况。可靠性原则是信息采集的基础。

2）完整性原则。信息采集完整性原则是指所采集的信息在内容上必须完整无缺。信息采集必须按照一定的标准要求，采集反映事物全貌的信息。完整性原则是信息利用的基础。

3）实时性原则。信息采集的实时性原则是指能及时获取所需的信息，一般有 3 层含义：一是指信息自发生到被采集的时间间隔，时间间隔越短就越及时，最快的是信息采集与信息发生同步；二是指执行某一任务亟须某一信息时能够很快采集到；三是指采集某一任务所需的全部信息所花去的时间很少。实时性原则用以保证信息采集的时效。

4）准确性原则。准确性原则是指采集到的信息与应用目标和工作需求的关联程度比较高，采集到信息的表达是无误的，属于采集目的范畴，相对于护卫任务来说具有适用性，是有价值的。关联程度越高、适用性越强，就越准确。准确性原则用以保证信息采集的价值。

5）易用性原则。易用性原则是指采集到的信息按照一定的表示形式处理，以便于使用。

6）计划性原则。采集的信息既要满足当前需要，又要照顾未来的发展；既要广辟信息来源，又要持之以恒、日积月累。信息的采集不是随意的，而是要根据任务、经费等情况制订比较周密详细的采集计划。

7）预见性原则。信息采集人员要掌握护卫工作的发展动态，采集的信息既要着眼于现实需求，又要有一定的超前性，要善于抓苗头、抓动向，随时了解未来走向，采集那些对将来发展有指导作用的预测性信息。

（2）采集方法

针对不同类型的护卫对象可能存在的暴力性、非暴力性、环境性和自身性风险因素各有不同，各类风险因素存在的可能性大小也各有不同。在信息采集时，通常需预先列出一个有针对性的清单，并且采用适当的方法进行。这些方法主要包括以下 5 种：

1）网络调查。在任务执行前，需要进行网络调查，主要是通过公开的互联网信息，对相关人员、环境进行信息采集。可以通过一些网站进行信息查询、线路规划，例如，通过博客、个人主页等信息平台，对相关人员进行了解。通过这些社会公开的网络资源搜集的信息，能够为护卫任务的执行奠定良好的信息基础。

2）问询法。即由信息采集者事先拟定出具体的提纲，然后向被采集者以询问的方式采集有关信息资料。问询法的主要形式有当面采集、网络采集、电话采集、会议采集、邮件采集等。在问询调查、采集信息时，一定要注意沟通的技巧、态度和语气，不要让被询问者感到不适。同时，需要对重要信息进行记录和整理。

3）实地勘察。即走访相关地点，重点是了解护卫对象的住地及其可能出入的大型公共场所的安全，以掌握相关信息。在护卫任务执行前，需要对护卫对象活动的区域进行现场勘察，主要是通过随身护卫人员前往护卫对象活动区域现场进行调查、观察和与现场人员的沟通，了解护卫对象活动区域的情况，以熟悉环境，为任务的顺利执行奠定良好的工作基础。在现场环境勘察过程中，需要按照一定的顺序进行，主要是依据现场的消防地图、现场示意图和自绘地图等图纸资料，按照某一方向，对现场建筑物内的房间、设备、家具、通道、便利设施、消防设施、交通设施、电力设备及人防、技防、物防等内容逐一进行调查了解，熟悉和掌握图纸上各个房间的实际方位和功能，还要对建筑物外部环境的所有通道、便利设施、交通设施、电力设施以及为活动现场服务的各种设备等进行了解。另外，通过与相关工作人员和有关负责人沟通，了解现场人员的情况和各种设备设施以及建筑物的功能、结构等有关信息。

4）信息共享。组织了解护卫对象相关情况的人员进行广泛的信息交流，让那些具有随身护卫工作经验的人员参加，可以帮助确定风险因素。

5）查阅文档。如查阅护卫对象以前的安全报告，收集有关的情报和报告，从中获得相关的信息。

二、随身护卫安全隐患预判

随身护卫过程中存在的安全隐患可以从主观和客观两个方面来分析研判。所谓主观方面是指人的不安全行为和管理上的缺陷，以及工作场所、装备及设施的不安全状态，如果不发现、不查找、不消除、不进行整治或不采取有效安全措施便形成安全隐患，易导致护卫安全事故的发生。因此，加强对随身护卫过程安全隐患的控制管理，对于预防护卫安全事故有重要的意义。所谓客观方面是指可能直接危害护卫对象的暴力和非暴力行为，以及意外事故、自然灾害和急性疾病等突发事件。

1. 安全隐患的客观因素

（1）暴力袭击

在随身护卫过程中，暴力袭击主要是指直接对护卫对象实施伤害、爆炸、抢劫、绑架等暴力行为。由于我国治安环境总体良好，此类案件在随身护卫过程中鲜有发生。2019 年 7 月 20 日上午，香港知名艺人任达华在广东省中山市参加商业活动时被一名男子刺伤。据当地警方情况通报：“嫌疑人已被当场制服，伤者已送医院救治，无生命危险，案件正在进一步调查中。”这个案件的发生，对随身护卫工作尤其是对知名演艺人员参与大型活动的安全隐患排查和辨识提供了案例，对防范暴力袭击方面敲响了警钟。

（2）非暴力行为

目前在随身护卫任务中，文体明星护卫占了很大比重。所谓的非暴力行为主要指在随身护卫中，“追星族”个体或群体性地对护卫对象进行骚扰、围观、围堵等行为。除此之外，不同的“追星族”群体之间也会因观念的分歧发生冲突，甚至导致暴力事件。

（3）环境因素

环境因素主要表现为人群集聚场所可能引起的踩踏、火灾、中毒等公共安全事故，以及台风、暴风雪、雷电、地震等自然灾害。在随身护卫工作中，除了护卫对象本身存在的风险，还有护卫对象所处的环境带来的安全隐患。因此，护卫人员对护卫对象将要到达的每一处环境都要进行安全隐患分析排查，必要时应进行实地勘察。

（4）自身因素

自身因素主要表现为因护卫对象自身原因而存在的安全隐患。具体体现在 3 个方面：一是护卫对象患有疾病，如高血压、心脏病等，护卫人员可根据护卫对象的身体情况，自备或者是由护卫对象提供一些药品，放在护卫人员的身上，防止突发事件的发生。二是因为护卫对象的行为习惯而存在的安全隐患，如经常酗酒等。三是因护卫对象性格暴躁、不遵守护卫方案、不服从护卫人员的安排。

2. 安全隐患的主观因素

（1）思想麻痹

思想上对安全隐患的错误认识是最大的隐患，尤其要消除护卫人员思想上对安全不重视的隐患。由于在护卫任务实施中发生突发情况的概率比较小，特别是发生暴力袭击的可能性比较小，长此以往，护卫人员就会产生麻痹大意的思想，致使其警惕性下降，防范意识减弱，各项安全措施管理放松，一旦发生突发事件，护卫人员将手足无措，毫无应对措施，使袭击者有机可乘。因此，保安服务公司要加强对随身护卫人员的思想教育，要求其克服麻痹大意思想，时刻保持高度的警惕性，采取严密的防范措施，使不法分子无机可乘。同时做好随时处置各种突发情况的准备，以确保护卫对象的人身、财产安全。

（2）工作懈怠

部分保安服务公司缺少对随身护卫人员的教育培训，致使其业务能力低下，尤其是对护卫对象的基本信息和其他相关信息的采集不够全面，查验、勘察不够细致，甚至出现信息错误，致使任务方案缺乏针对性，难以保障护卫对象的安全。部分护卫人员素质不高、工作态度不端正、缺少自我管理能力，在远离公司监督的随身护卫任务中，不能自觉按照任务规范和守则的要求落实各项管理措施，容易造成随身护卫工作的不良后果。因此，保安服务公司应该加强对随身护卫人员的职业道德和职业能力教育：通过职业道德教育，使护卫人员养成良好的工作作风、强烈的责任感、严谨细致的工作态度；通过职业能力教育，提高护卫人员的业务能力，特别是通过模拟训练等方式，提高其实际操作能力。同时，要配备业务能力强的负责人，加强对随身护卫任务的现场监督。

（3）保障不足

随身护卫工作必须十分重视执行任务前的准备工作，无论是服务于哪一类型的护卫对象，周密细致的准备工作总是必不可少的。由于平时的随身护卫业务不多，一般不是保安服务公司的主要业务，因而在随身护卫的后勤保障上一般存在车辆、通信、护卫器械和急救器材不足等问题。承接随身护卫业务的保安服务公司，应配备与承担业务相匹配的专业人员和所需的装备与护卫器械，解决专业护卫人员不足、支援力量薄弱等问题，确保护卫任务的圆满完成。随身护卫人员为了更好地履行职责，维护自身和护卫对象的人身及财产安全，在一些特定的工作中，应该按法律法规的规定配备相应的装备。

1）防卫器械。随身护卫人员使用的防卫器械主要有橡胶棍、强光手电筒、防弹衣、头盔、护目镜、防刺服、防毒气面罩、防辐射性物质器械等。随身护卫人员使用的防卫器械，仅限于执行任务时，其他时间不得使用。

2）服装、标志和证件。随身护卫人员应当具有统一的服装、标志和证件，根据不同的场合采用不同的服装要求。随身护卫人员在执行任务时，应当携带证件、衣冠整洁、举止端庄、文明值勤。

3）通信设备。现代通信技术是完成各项工作任务的重要保障。除了完善的有线通信系统外，随身护卫人员所携带的通信设备应该是具有体积小、重量轻、性能稳定、效率高、携带方便、操作简单等特点的无线设备。

4）交通工具。当前，随身护卫的交通工具主要是汽车。为了防止护卫对象在途中遭受袭击、被盗、被抢和发生交通事故，保证护卫对象安全到达目的地，必须配备性能好、安全系数大、车速快的车辆。

5）其他工具。随身护卫人员可以根据任务的不同，选择相应的设备。

（4）措施不力

随身护卫是一项具有高度危险性的工作，需要工作人员在快速反应、紧急处置方面具有较强的能力，以便对于来自各方面的危害因素进行有效的抵制与防范。要做到这一点，不仅需要随身护卫人员自身的素质，更重要的是要有强有力的工作机制、成熟的风险评估机制、根据护卫对象量身定做的随身护卫方案，以及充分的准备工作和方案的执行机制。如果不按工作流程办，不严格落实各项措施，将产生严重的安全隐患。

3. 安全隐患预控

下面以护卫对象将参加大型活动为例，活动场所要做的安全预控工作主要包括以下 6 个方面：

1）定点勘察。如果护卫对象要出现在公共场所，事先要对该场所进行定点勘察。凡是护卫对象可能到达的场所，都要进行详细的勘察，了解其位置、制高点、交通状况、人员密度等详细情况，绘制相关的图表，并依据勘察结果预想出可能的危险情况，制定保护方案、确定执行任务的人数及所使用的技术装备、医院和应急撤离的路线。此外，还要事先与活动组织者对现场安保工作做好充分沟通，到达现场后要主动与现场警卫、工作人员联系、密切配合，预防随时可能发生的各类侵害护卫对象人身及随身携带的财产安全的各种意外情况。

2）现场准备。在护卫对象抵达活动现场前，护卫人员要提前数小时到达现场进行准备，主要任务是对活动现场的安全状况和护卫工作准备情况进行最后检查，确认无问题后，通知随身护卫人员安排护卫对象启程。在车队行进期间，前站人员还要将现场的各种变化随时通知随身护卫人员，以便他们根据具体情况决定是否更改行车路线以及下车地点等。

3）器材检查。确保消防设备、器材完好有效。在执行任务前，提前对消防监控及烟感自动报警器、自动灭火喷淋、消防加压、消防专用电梯、防火（卷帘）门、消防通道、安全疏散指示灯、应急照明灯等各类设备器材，按标准要求进行全面检查和测试，保证完好有效。确保视频监控系统运转正常，通信联络畅通，24 小时运作正常，并有专人值班，值班电话和对讲机通信器材良好。

4）车辆管控。对设定管控区域的地面停车场和地下停车场进行严格的控制和管理，禁止与任务无关的车辆停放，确保执行任务车辆的停泊车位和进出通道畅通、安全。

5）区域控制。严格控制活动场所能靠近护卫对象的人员，特别是陌生可疑人员，对擅自跳上舞台靠近护卫对象的陌生人要能迅速制止。严格会客制度和大堂管理，对来访人员除严格执行登记制度外，必须随时注意他们的动态，严禁无关人员进入控制区。加强大堂的保卫力量，观察闲散人员，发现可疑情况及时报告。对无法关闭的门及通道，应派专人把守，防止无关人员进入场所内。掌握客人住宿的分布情况，及时提供护卫对象房间周围的住客情况。警戒楼层指派专人进行全天候的值班及服务工作，并及时记录进房清洁和服务的时间。防止无关人员进入受控区，发现异常情况及时报告。

6）人员安排。合理安排和调配保卫力量，除应设定的固定岗和巡逻力量外，还应安排机动力量，增强检查和巡逻密度，扩大控制范围。

4. 安全隐患辨识方法

辨识安全隐患是一项有一定技术含量和难度的工作，必须从各类外露性的现象中进行分析来发现和查寻，透过现象才能分析判定。同时，隐患也是变化的、动态的，“旧的”隐患解决了，“新的”隐患又出现了。安全隐患有的是直观的，有的是潜在不易发现的，隐患来自各个方面，有各种原因，认识隐患是预防隐患的重要前提。要运用监测监控、管理、技术等手段，做好预防隐患的工作，防止其存在。为便于随身护卫工作中能够及时发现安全隐患，以下介绍几种常用的辨识方法：

（1）信息辨识法

情报信息在安全隐患辨识中非常有价值。情报信息包括人员信息、环境信息、交通信息、住地结构信息等。收集和分析情报信息是强化对安全隐患的掌握和研究，是做好消除和减少各类安全隐患的关键。保护护卫对象最关键的措施在于事先掌握和分析情报信息，从中发现安全隐患。

（2）认知辨识法

思想上的隐患是最大的隐患。随身护卫工作的管理者对每一位护卫人员的思想基础、工作表现、家庭状况、个人困难等，应做到了如指掌，以及时发现他们的思想隐患。一方面要为确有家庭、个人困难的随身护卫人员解决实际困难，为他们排忧解难，消除后顾之忧；另一方面要有针对性地做好经常性的思想工作，分析研判随身护卫人员思想状况，及时发现思想上的安全隐患，保证他们能以饱满的精神状态投入护卫工作中。要掌握随身护卫人员的整体素质，包括专业能力、装备、应战能力与可能出现的安全事件相比存在什么差距，从而预测他们成功完成任务的可能性，消除任务执行能力上的安全隐患。

（3）制度辨识法

有没有健全的随身护卫工作规章制度，是确保护卫工作安全实施的重要制度保障。例如检查制度，随身护卫人员在护卫对象入住前，需要对住地进行详细的安全排查，这样能够提前消除安全隐患并且还可以熟悉住地环境，以此保证护卫对象能有一个安全的居住环境。护卫组长每日按时巡回监督检查，并且在工作过程中随时检查，不间断地全面收集动态安全隐患信息，护卫项目组成员每天上岗前也应按时检查。

（4）安全措施辨识法

安全措施辨识法可以用安全检查表的形式，将一系列项目列成检查表进行分析，以确定系统、场所的状态是否符合安全要求，通过检查发现系统中存在的安全隐患，提出改进措施。检查项目可以包括场地、周边环境、设施、设备、操作、管理等各方面。

1）安全检查表的特点。安全检查表能够事先编制，可以做到系统化、科学化，不漏掉任何可能导致事故的因素，为事故树的绘制和分析做好准备。可以根据现有的法律法规、标准规范等检查工作执行情况，得到正确的结论。它是按照事件的重要程度按顺序排列、有问有答、通俗易懂，能使人们清楚地知道哪些事件是重要的、哪些是次要的，促进职工正确操作，起到安全教育的作用。它可以与安全责任制相结合，按照不同的检查对象使用不同的安全检查表，易于分清责任，还可以提出改进方案。安全检查表简单易学、容易掌握，符合我国现阶段的实际情况，为安全预测和决策提供了坚实的基础。但安全检查表法只能用作定性的评价，只能对已经存在的对象进行评价。

2）安全检查表的内容。安全检查表的内容决定其应用的针对性和效果。安全检查表必须包括系统的全部主要检查部位，不能忽略主要的和潜在的不安全因素，应从检查部位中引伸和发掘与之有关的其他潜在的危险因素。安全检查表的每项检查要点都要定义明确、便于操作。安全检查表的格式内容应包括分类、项目、检查要点、检查情况及处理、检查日期及检查者等，通常情况下检查项目内容及检查要点要用提问的方式列出。检查情况用“是”“否”或者用“√”“×”表示。

3）编制安全检查表的主要依据。安全检查表应列举需查明的所有能导致伤害或事故的不安全状态或行为。为了使检查表在内容上能结合实际、突出重点、简明易行、符合安全要求，应依据 4 个方面进行编制：有关标准、规程、规范及规定；事故案例和行业经验；通过系统分析确定的危险部位及防范措施；研究成果。

4）安全检查表的格式。安全检查表的格式没有统一的规定，可以依据不同的工作要求，设计不同需要的安全检查表，但原则上应条目清晰、内容全面，要求详细、具体。表 2–6 所示为安全检查表的常用格式。

表 2–6　　安全检查表的常用格式

序号	检查项目	检查内容	依据标准	检查情况	备注

5. 安全隐患整改

对于发现的安全隐患，应认真组织落实整改工作，通过相关安全隐患分析，举一反三、吸取教训。安全隐患整改工作的本身就是贯彻预防为主的方针，就是采取安全措施保障随身护卫行动方案的实施，就是预防和消灭事故。保安服务公司在组织安全隐患整改时，应认真制定整改措施，整改措施应具有科学性、先进性、可靠性、长远性、可操作性。在安全隐患整改工作实施方面要定人、定时间，明确责任人，保质保量地按时完成，并要及时地审查整改措施、验收整改工作，把安全隐患消灭于萌芽状态。

第三节　随身护卫服务实施

一、随身护卫服务规范和守则

1. 随身护卫服务规范

完成任何工作都需要有一系列的规范（制度）予以保障，从事该项工作的人员只有严格按照制度开展工作，才可以保证工作质量。对于随身护卫工作来说，需要遵守的相关制度有交接班制度、请示汇报制度、检查制度、登记制度、保密制度、装备的使用与管理维护制度以及考核奖惩制度。

（1）交接班制度

随身护卫工作一般都是由指定的随身护卫人员提供全程保安服务，交接班制度与其他保安岗位有所不同。但是，如果护卫时间较长，护卫期间需要护卫人员定期轮换，或者护卫期间的某项具体工作需要护卫人员换岗，如在随身护卫对象房间门口进行安全守卫。在这些情况下，护卫人员则必须严格执行交接班制度。有特殊情况不能上岗的，要及时向负责人员汇报，由负责人员安排相关工作。接班人员到达岗位后要做好交接班事宜，交班人员应告知本班随身护卫过程中发生的情况和处理结果，并交代需要继续办理的事项。接班者未到，当班者不能离开。

（2）请示汇报制度

在随身护卫期间可能会遇到各种问题及突发事件，随身护卫人员可以根据具体情况进行相应处理。但是，如果遇到紧急情况或重大问题时要及时向负责人员汇报，不能超越权限擅自处理或决定重大问题。同时，对于上级领导及公安机关等部门处置紧急情况的工作指示，除非现场情况发生突然变化需要当机立断做出相应的改变，一般要立即坚决执行，执行结果、改变原指示的理由和改变指示后执行的结果都要及时汇报，并做好详细记录。

（3）检查制度

为了确保随身护卫服务的质量，应建立检查制度。负责人员要定时或不定时地到现场或通过电话等通信工具对护卫人员的工作进行检查。检查的内容以随身护卫人员履行岗位职责的情况为主，对检查出的问题应及时进行指导和处理，发现有不符合服务要求的行为应予以纠正。对于检查的问题和处理结果都应做好记录，重要问题应及时向上级汇报。

（4）登记制度

为了记载随身护卫情况，积累资料留存备查，应建立完备的护卫登记制度。登记由本次服务项目的负责人员负责，主要内容包括以下 5 个方面：

1）参加本次护卫项目的人员及人员的部署情况。

2）本次护卫过程中出现的问题或发生的突发事件及处理结果。

3）护卫对象的主要活动情况。

4）护卫对象的反应或要求。

5）服务过程中有无失误、失职等情况。

（5）保密制度

在随身护卫工作过程中，护卫人员对护卫对象的活动行程掌握得非常清楚，如果将这些信息泄露出去，将会给护卫对象带来安全隐患。此外，由于随身护卫工作的特殊性，工作人员需要尽可能多地掌握护卫对象的各种背景资料，甚至可能会在护卫过程中了解护卫对象的一些与安全护卫有关的个人隐私，这些资料和隐私若泄露同样会给护卫对象带来不可预料的不良后果。因此，随身护卫人员不但要在工作过程中严守保密制度，以确保护卫对象的安全，在护卫工作结束后仍然要遵守保密制度，不得有任何泄露。

（6）装备的使用与管理维护制度

随身护卫工作的目标是为了保障护卫对象的安全，为了实现这一目标，护卫人员必须配备相应的装备，如车辆、通信工具、防卫器械等，这是完成随身护卫工作的物质基础。对于装备的使用与管理维护应当做到：使用前办理出库领取手续；使用中履行管理维护的职责；使用完毕后及时办理入库手续。在没有任务的情况下，除了平时训练外，这些装备原则上统一管理，不得擅自使用。

（7）考核奖惩制度

随身护卫服务是一项对护卫人员综合素质要求很高的工作，护卫人员要有高度的责任心、主动性和警惕性。因此，如何保持护卫人员的工作积极性显得尤为重要。通过建立科学完善的考核奖惩制度，明确考核的标准、内容和方法，定期对护卫人员履行职责情况、值勤情况、业务能力、职业道德等方面进行全面考核，对于有突出成绩的要及时奖励，对于失职或违反规章制度的要给予相应的处罚甚至调离岗位。通过奖优罚劣，使随身护卫队伍始终保持旺盛的战斗力。

2. 随身护卫服务守则

从事随身护卫服务的人员都要有认真的工作态度和良好的工作作风，具备灵敏的观察、反应、判断、应变能力，严格遵守随身护卫人员工作守则，认真钻研业务，坚决服从指挥，坚守岗位，恪尽职守。对随身护卫人员的要求涉及政治素质、身体素质、心理素质、文化素质、社交礼仪素质和职业道德素质等方面。随身护卫人员除应遵守国家法律法规、公民道德规范和保安职业规范外，还要遵守随身护卫服务守则。随身护卫服务守则主要包括以下 7 个方面：

（1）安全第一，预防为主

“安全第一”是随身护卫工作的首要目标，护卫人员在执行护卫任务时，必须将保障护卫对象的生命财产安全放在首位，并贯穿于整个工作过程。安全是随身护卫工作的灵魂，处于决定性的位置，无论在任何时间、任何地点、任何条件下，也无论在工作中遇到什么样的困难，都必须将保障安全作为随身护卫全部工作的出发点和衡量工作成绩的根本标准。在随身护卫工作中，护卫人员要始终保持临战状态，通过多方面采集的信息和现场观察，判明可能发生的危险和可疑对象，尽早查明可疑对象的企图，分析其危险程度。在此基础上，护卫人员应在危险行为发生之前，果断采取措施，快速掩护护卫对象撤离，积极、有效地制止危险行为，控制危险事件的发生。

（2）服从指挥，密切配合

随身护卫是一项战斗性、纪律性很强的工作，护卫人员必须具有大局意识、服从意识、统一意识，处理好各方面的关系，必须端正工作态度、听从命令、服从工作安排和指挥。在随身护卫任务中，护卫人员要根据任务方案的规定，在指挥员的统一指挥下，履行好自己的职责。护卫人员必须严格按照指挥员的指令，灵活运用护卫队形、护卫战术，主动配合其他队员做好各项应急处置工作，安全、有效地掩护护卫对象快速撤离现场、远离危险，做到行动有序、分工明确、配合密切。

（3）恪守职责，履行合同

恪尽职守是随身护卫人员职业责任和职业道德的集中体现。在随身护卫工作中很多情况是难以预料的，所以随身护卫工作基本上是全天候的，没有绝对的休息时间。随身护卫人员必须克服生理和心理上的障碍，时刻保持高度的警惕和良好的状态，恪尽职守、坚守岗位、尽职尽责地保障安全。随身护卫行业的特殊性要求护卫人员在任何时候、任何情况下都始终以严防死守为己任，富有自我牺牲精神，乐于奉献、甘于吃苦、任劳任怨。随身护卫服务是执行与客户签订的合同，应本着诚信的态度，认真履行合同规定的事项，认真履行护卫人员的职责，在工作中讲究信誉，以国家利益、人民利益、客户利益为重。

（4）严守法纪，保护隐私

在随身护卫工作中，要依法依制度办事，严守工作纪律，养成遵守法律和纪律的良好意识，遵守作息时间，坚守工作岗位，不迟到、不早退、不旷工，有事履行请假手续；严格遵守护卫保密纪律，养成遵守保密纪律、执行保密制度的自觉性，保护护卫对象的隐私。随身护卫人员应严格遵守国家法律法规和主管部门的各项规定，保安服务公司应当对客户要求提供的随身护卫服务的合法性进行核查，随身护卫人员对违法的服务要求应当拒绝，并向上级报告。

（5）判明事态，依法处置

在随身护卫工作中，出现突发情况时，护卫人员要根据不同的情况，迅速、准确判断事态，利用所掌握的法律知识，判明事态的性质，在法律许可的范围内采取相应的方式进行处置。对围观、尾随护卫对象的行为，要用人墙阻隔、劝导等方式，保护护卫对象的安全；对有组织地暴力威胁护卫对象安全的行为，要保持警惕，随时准备采取随身护卫措施；当有暴力袭击等不法行为发生时，应立即采取防卫手段、使用防卫器材制止，保障护卫对象的生命、财产安全。但是，随身护卫的防护措施都应该控制在刑法所规定的正当防卫范畴内，对于突发事件必须依法处置，不能一味地因服从客户意愿而做出违背法律法规的行为。

（6）机智勇敢，舍己护人

随身护卫工作从字面上理解就是护卫人员需要跟随护卫对象，如影随形地保护其不受伤害。从某种意义上说，随身护卫可以说是护卫对象身边的最后一道防线。一旦这道防线被突破，那么护卫对象的人身和财产安全就难免受到威胁和侵害。机智勇敢就是要求护卫人员既要勇于献身，保护护卫对象的安全，又要掌握工作方法和技能战术，从而有效地保护好自己、履行好职责，但关键时刻能挺身而出。勇于献身是随身护卫职业道德的最高表现，也是由随身护卫工作的艰苦性和危险性决定的，它要求护卫人员要有勇于献身的精神，面对危急时刻和突发事件时，牢记自己的使命和职责，挺身而出、沉着理智、化解危险，保障护卫对象安全，切不可置护卫对象于危险境地而不顾，临阵逃脱。

（7）文明礼貌，不办私事

文明礼貌是人们在人际交往过程中所具备的基本素质。随身护卫人员与护卫对象近距离接触，不仅要肩负重要的护卫任务，更多的还要与人合作、交往、沟通和协调。因此要学会尊重自己、尊重他人，这是随身护卫人员必须掌握的基本礼仪。同时要注意仪表形象，保持衣冠整洁，仪态大方得体，守岗尽责，及时到位。不办私事是随身护卫人员必备的职业操守，也是对护卫人员最起码的职业道德要求。随身护卫人员应品行端正、正直廉洁、不沾不染，在工作中时刻保持高度警惕，忠于职守、坚持原则，不利用与护卫对象关系接近的便利请托办私事。

二、随身护卫安全措施和控制要求

1. 随身护卫安全措施

随身护卫安全措施涉及方方面面的内容，其核心是“安全第一，内紧外松”。

“安全第一”是随身护卫工作的指导思想，是所有工作的前提。其基本含义就是在部署工作、安排任务、落实措施时，必须将保障安全放在首要位置，并贯穿于整个随身护卫工作的始终。这一指导思想阐明了随身护卫工作的目的，体现了随身护卫工作的本质属性。以“安全第一”的指导思想为前提，在各项随身护卫工作中，科学调度、统筹安排，将人力部署、安全措施和护卫形式有机地统一起来，保障护卫对象的安全。

“内紧外松”是指要以最严密的措施确保安全，以最缓和的形式确保自然。在随身护卫工作中，要在思想上、行动上把握好这个原则。具体来说，就是在思想上要有高度的责任意识，对可能发生的各种危害护卫对象的事件以及可能发生的各种灾害事故保持高度的警惕；在工作上要深入细致、严密扎实，不留空隙、不出纰漏，经得起检查和实践的检验；在外观形式上要隐蔽、自然、缓和，做到群众化、社会化，与周围的环境相适应；在工作方式方法上要讲究艺术，注意灵活多样；在工作作风上要注意态度、讲究礼貌、平等待人。

随身护卫人员在工作过程中，必须保持高度警觉，既要从整体上也要从局部细节上分析各种风险因素，在此基础上，进一步加强事先的防范。随身护卫安全措施的制定，应在把握相关信息的基础上，运用科学的分析方法得出正确的判断，采取相应的对策，做到未动先知，确保护卫工作万无一失。具体要做好以下 5 项安全措施：

（1）完善组织指挥机制，科学配置人员比例

针对护卫工作的特点，由随身护卫的专业人员具体组织实施，形成相关人员积极配合随身护卫工作组织的指挥机制，特别是明确具体点、线、面上的组织指挥程序和相关单位之间的协作方式，确保信息迅捷畅通、指挥高效有力。

在随身护卫工作中，配置的人员过多，势必会造成岗哨林立的现象，使护卫人员心理上过于放松，从形式上也显得过于张扬。反之，人力过少，容易造成控制不住突发事件的现象，直接危及护卫对象的安全。因此，根据护卫对象的要求，同时结合当时、当地的实际情况，科学配置护卫人员的比例，才能确

保安全，保持有效的工作状态，避免人力部署和安全措施的盲目性，杜绝岗哨林立现象的发生，确保安全有效地完成任务。关于人力部署、具体人力配置以及护卫对象的具体活动日程等是随身护卫工作内容中保密的范畴，它们是完成随身护卫工作的重要环节。严格保密纪律、控制知情面，能够最大限度地降低随身护卫工作所面临的危险程度，确保护卫工作整体的安全。在执行随身护卫工作任务过程中，采取严格的审查和检查，可以确保接触护卫对象人员的安全可靠，确保中心区域现场的安全，切实将危及护卫对象安全的因素降到最低限度。

（2）加强相关情况信息的采集，提升科技含量

在随身护卫工作中，要建立相应的情报信息网络，密切关注社会动态，对有可能危及护卫对象安全的情报信息进行全面采集、整理和反馈，尤其是对住地、路线、现场等中心区域情报信息工作进行强化，逐步建立一个统一归口、统一分析、统一报送的情报信息工作机制，确保情报信息的准确性和报送的及时性。实践证明，扎实的情报信息工作管理制度能极大地推进随身护卫工作的顺利完成。

当前，随着现代科学技术的空前发展，一些不法分子开始广泛利用高科技手段进行破坏、实施犯罪，使用现代化武器装备进行暗杀和破坏活动，仅靠眼看手摸的工作方式和落后的装备，是很难完成随身护卫工作任务的。因此，要将高科技元素注入随身护卫工作中，配备先进的预防、通信、防护、安全检查等现代化技术装备，全面提升随身护卫工作的科技含量，努力提高风险防控能力。

提高随身护卫工作中的科技含量，对圆满完成任务起着至关重要的作用。在进行随身护卫工作部署中，对现场的重要部位和死角部位，根据具体情况，应建立完备的监控系统，监控的终端显示和控制要与前方的指挥平台连接，使随身护卫任务指挥员可以全时空、全方位、全过程对现场进行监视、录像、跟踪，对小环境和大环境都有着实时的了解和掌控。指挥员可以在第一时间内了解、掌握情况，可以提高对现场的调控能力，提高指挥决策的实效性和准确性。在所有场馆的入口处，应设置安全检查设施，对进入场馆内的所有物品进行检测，有效地识别危险品、爆炸物，以利于在第一现场进行处置。应建立顺畅的通信、报警系统，以便高效、便捷、保密地进行联络，确保遇有异常情况时能联络得上、汇报得准、协同得快。

（3）严格实施检查，勘察活动现场

1）对护卫对象的住地要加强安全检查。首先，要对室外附近进行安全排查，顺序是从前到后，每一个设施都要仔细观察，看看有没有可疑的地方。特别是入住别墅、民居之前，一定要观察房外院内的情况，确保无安全隐患，无窃听、偷拍等现代监控工具。其次，无论是别墅、民居，还是宾馆、酒店，室内搜查的顺序基本一致，都是对每一个房间进行排查，对排查完毕的房间做一些简单的记号，防止重复工作。对每一间房屋的仔细搜查有一整套的步骤，这样可以避免遗漏、搜查混乱和重复工作，具体分为以下两个步骤。

第一步，先由经验丰富的负责人进入房间进行第一次总体排查，重点是排除可疑爆炸物被设置在房间内。负责人进入房间后首先就要“听”，听一听房间内的声音，如在没有钟表的房间有没有“滴答”声或其他任何不正常的声音。然后随身护卫人员要对室内的水、暖、电、煤气等设施进行检查，尤其是检查煤气管道是否安全，以及各电器是否正常。护卫人员还要仔细搜查电灯、开关及其他附加设备，以确定这些设备是否被做过手脚，排除异常后再打开所有的灯。

第二步，分级、分组进行具体搜查。搜查要分三次进行：第一次搜查最耗费时间，要检查所有地板上的物品和在指定高度下的所有墙上的物品。搜查是从相对的两个方向开始，最后在屋子的中间会合。第二次搜查，护卫人员对从刚才指定的高度到房顶之间的墙面进行检查。第三次搜查，对天花板、换气通道等进行检查。

2）大型活动现场和关键部位的检查。了解护卫对象参加的大型活动的重点部位、关键设备、受监控的危险点（源）的工作状态，从中可以掌握安全信息。其特点是专业性强、有针对性和仔细全面。这一点对随身护卫工作加强对关键要害（重点）部位和过程的安全监控力度更为重要，因为关键要害（重点）部位和过程的安全状况对护卫安全起了至关重要的决定性作用。可以这样说，管好了关键要害（重点）部位和过程，在某种意义上就基本掌握了护卫安全的大局。做好安全检查之后，还要事先找好安全通道，确定火灾等事故发生后的逃生路线，并及时在护卫对象休息区域的一定范围内，临时构建一道安全防线，防止无关人员随意进入，保障护卫对象的安全。

3）车辆等装备检查。在其所乘坐的汽车内安装爆炸物是不法分子攻击护卫对象常用的方法。因此，随身护卫人员要熟悉一般车辆的基本检查方法，以便能够有条理地完成对一辆汽车的检查。在一般情况下，车辆的检查工作必须经常进行，只要护卫对象有活动，每次需要乘坐交通工具时，随身护卫人员都要在用车前对该车辆做好检查，除非车辆始终在护卫人员的警戒之下。一个人完成对一辆车的检查大约需要 20 分钟的时间，因此检查者要在护卫对象用车前的 30 分钟开始检查工作。

车辆检查的内容包括护卫对象的车辆检查、前端车辆检查、尾随车辆检查和备用车辆检查。检查车辆要尽量在不引人注意的地方进行，而且要有安全保障。如果随身护卫人员已经收到警告或者有理由相信有爆炸物已经被安放到车辆上，应该请专业除爆人员来处理。总体来说，车辆检查是由外到内、由表及里地逐步探查，检查基本分为八步进行。

第一步，在检查车辆之前，对车辆周围区域进行观察，查看在汽车周围是否有胶带碎片、绳头等，地面是否有像脚印、爪印的痕迹等。当检查人员发现一些值得怀疑的东西时，应尽快通知专业人员到场。

第二步，查看车辆的外表。查看车门、车窗、行李箱、发动机罩周围是否有暴力划过的痕迹。看车锁或油箱盖是否有划痕，如果有，就有可能最近被打开过。

第三步，检查车辆底部。如果车是锁着的，那么车底部位就是最有可能找到爆炸物的地方。检查时重点关注以下几点：一是地面有没有被翻动、踩踏等痕迹；二是车下的地面是否有松动的土块；三是有没有散开的金属线或者被剥开的金属线；四是从下面、上面和侧面检查气缸；五是打开轮毂盖检查内部，检查轮盘上的螺母；六是检查排气管的消音器系统是否被做了手脚，查看排气管的内部是否有堵塞物；七是检查油箱盖是否被做了手脚，检查油箱内部是否有其他不明物质。另外，用手电和镜子从下面检查保险杠、螺母，从上面检查推进器，从下面检查发动机和油箱。

第四步，透过车窗检查车辆内部。主要是透过车窗查看汽车内部是否有明显的装置和包裹，特别是前排的座位上面和下面；查看仪表板下面是否有悬挂的电线；检查车门是否安全。

第五步，从副驾驶侧开门进入车辆内部进行检查。要按照一定的顺序仔细检查车辆的内部，一般是从车的地板向上检查。重点关注以下几点：检查地毯下面是否有压力敏感开关装置；检查车门的嵌板是否被做了手脚；从仪表板的下面查看是否存在有异常的地毯；检查烟灰缸、点烟器、后座后面的音箱、镜灯和车顶灯；检查踏板有没有悬吊的电线；在打开司机一侧的车门之前先检查车门的内部。车辆的左前部分和右后部分是经常被安装爆炸物的地方。

第六步，打开发动机罩做下列检查：是否有悬挂在刹车踏板、加速踏板和方向装置上的启动装置；空气压缩机或灭火器的阀门是否有损坏的痕迹；是否有位置错误的电线或者异常干净的电线；是否有可以连接爆炸物或易燃物的包裹。如发现有连线的异物，不要剪断、拽拉或移动其电线，要通知拆除爆炸物的专家来处理。

第七步，打开行李箱做下列检查：取出行李箱的所有物品以便检查；检查任何与刹车灯连接的电线；查看备用轮胎的下面和后面；查看工具箱；查看后排座位的后面；如果可以看到，检查油箱的位置。

第八步，一旦肯定汽车内部和底部没有任何爆炸物，则启动发动机。在汽车怠速情况下，检查方向盘、仪表盘、灯光、收录机、空调、加热器、刮水器、转向灯等是否正常。

对车辆进行检查需要花费很大的精力和很长时间，因此，对车辆要争取做24 小时的警戒，特别是在外出时。如果所有护卫的汽车都比较相像，要经常变换汽车。对车辆检查时要注意，在车内有可能有一个以上的爆炸物，也有可能安装的是不可拆除的爆炸物。对车辆进行检查最好做好工作程序表，每次检查一般由两个人完成，一个人负责记录已经完成的检查内容，另一个人负责检查工作。这样，可以保证所有检查能够一次到位、不遗留死角。

（4）掌握活动情况，强化贴身防范措施

护卫对象外出参加各类活动，现场参加人员比较多且安全情况不明确时，宜采用近距离贴身防范措施，筑起一道安全屏障（人墙），使不法分子无法靠近护卫对象身边。

在执行任务时，随身护卫人员要保持高度警惕，必须随时注意观察在护卫对象活动周围出现的人员情况。如发现神态慌张、行为诡异或携带可疑物品的人员时，要特别注意观察其动向，及时引导护卫对象远离可疑人员，同时积极准备采取预防措施，防止遭受突然袭击。及时掌握护卫对象的活动情况及其和外界的沟通与联系情况，落实安全措施。在随身护卫过程中要掌握护卫对象活动的规律，了解护卫对象工作、生活区域周边的情况，随时注意发现火灾、交通等方面存在的安全隐患，及时与有关部门联系沟通，积极解决存在的安全隐患，落实具体的安全防范措施。

（5）未雨绸缪，制定突发事件处置预案

制定预案是妥善处置突发事件的前提，特别是针对可能发生的重特大刑事案件，例如爆炸、火灾、中毒等突发事件，应制定严密的工作预案，以确保及早发现突发事件并迅速有效地控制事态发展。要提前构建高效的应付突发事件的组织指挥机构，并下设通信、现场处置和取证、警戒、疏散、救护、排爆等专项工作组。一旦发生突发事件，现场随身护卫人员要将情况立即上报，通信组负责将指挥人员的指令迅速传达到各有关工作组，各组根据处置领导小组的命令，迅速组织人员赶赴现场，按照各自的任务和分工展开处置工作，根据不同类型的突发事件采取相应的处置措施。情况紧急时，要迅速引导护卫对象就近有序地向事前划定好的安全地带疏散，同时保护好现场、抢救伤员并采取果断的措施控制事态发展。

作为护卫对象的保护者，随身护卫人员工作的主要内容就是安全防范工作，其中还要注意防范护卫对象出现一些如烧伤、冻伤、中暑、突发疾病等情况。因此，作为随身护卫人员，也应当懂得一些必要的护理、保健和急救知识。

2. 随身护卫战术队形

（1）交通乘车护卫战术队形

1）行车路线的选择。当护卫对象乘坐汽车前往目的地时，首先要规划好行车路线。行车路线的选择，必须考虑出发地与目的地之间的交通状况。在规划路线以前，就需要收集相关的交通材料，通过网络或者是卫星定位系统等来选择出发地与目的地之间所有可以到达的路线，然后再通过实地模拟行驶，或交通广播、网络等了解各路线的交通状况。选择路线的基本原则如下：

①拐弯少、慢行少、停车少。主要是指在通过路段，尽量减少拐弯，因为拐弯往往要降低车速，这样会使不法分子有机可乘。如果车辆能够一直保持高速行驶，则可以直接降低被射击或者被拦截的风险。如果汽车停驶，就有可能增加汽车抛锚或者被堵截等一系列风险。

②公安、武警、政府驻地等警备力量较多的路线。此原则是为了降低行车路线的风险，往往在警备力量充足的地区，发生暴力事件的可能性就相对较小。

如果遇到突发事件，也可以及时撤离到这些地区，确保护卫对象的安全。

③周边高层建筑少。这是为了防止高空坠物，因为在高层建筑物下行车，车顶是视觉死角，基本上在车内很难看到车辆上部的情况。

④行进路线附近应当有一些医疗机构。这个原则是要求在行车路线中最好能够选择一些靠近医院的路线，随身护卫人员要清楚地了解在通往目的地的路程中，如何能够以最快的速度到达医院，主要是为了在意外事件发生时，能得到及时的医疗救治。

以上 4 个原则，是根据重要性依次排列的，如果不能满足所有的条件，则依据从前到后的原则来尽量满足前面的条件。

2）行车车辆的安排。行车安排一般要从实际情况出发，最好不仅仅是一辆车，应当有护卫车、护卫对象用车以及备用车。如果条件不允许，则至少安排护卫车和护卫对象用车。当然，在护卫对象用车上也要安排 1~2 名随身护卫人员。无论安排几辆车，所有的车外形都应该尽量保持一致，便于隐蔽护卫对象。出发前一定要保证做好与护卫对象相关信息的保密工作，尤其是护卫对象所乘坐的车辆。如果有 3 辆或者 3 辆以上用车，则一般不把护卫对象安排在第一辆车上。

3）停靠车及下车随身护卫。乘车随身护卫还有一个比较重要的内容就是停靠车、上车和下车的警戒。停靠车辆一般分为主动停车和被动停车两种。其中，被动停车的主要原因是车辆或者是道路的问题，如果在出发前仔细检查了汽车的性能，一般车辆的问题可以被排除。道路被封堵时，随身护卫人员应该注意停车位置，首先要保证护卫对象的车辆前后畅通。条件允许的话就不要将护卫车和备用车挡在护卫对象车辆的前后，防止意外事件发生时护卫对象的车辆无法撤离。如图 2-3 所示，B 车为护卫对象用车，如果前方道路被封堵，则可以采用这样的停车方式：A 车为护卫车辆；C 车为备用车辆或者护卫车辆。如果有枪击事件发生，则 A 车与道路倾斜呈 30°角挡在 B 车前，B、C 车迅速掉头撤离现场，但是所有人员不要轻易下车察看，尤其是不能轻易让护卫对象下车。

当到达目的地主动停车时，车辆也最好不要排成一排停列，尤其是在宾馆的门前停车道上，其他车辆应该停在停车道的出口和入口外，将出入口让出，以便临时撤离使用。如图 2-4 所示，B 车为护卫对象用车，A 车和 C 车为护卫用车或者备用车辆，一般要停在停车道下，准备随时撤离现场。在情况不明的

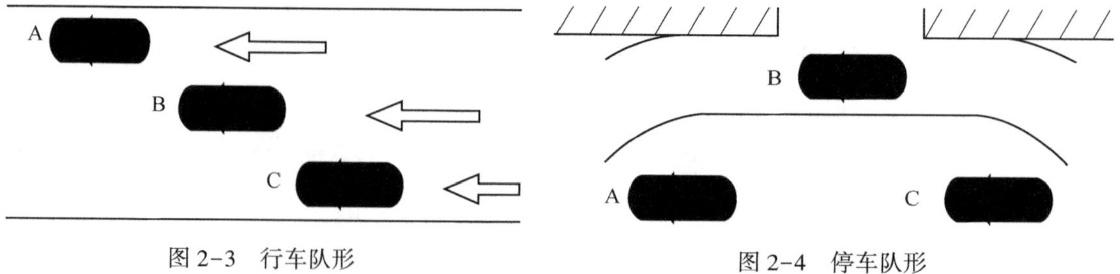

图 2-3　行车队形

图 2-4　停车队形

条件下，所有车辆应当保持发动状态，待确定安全后再熄火灭车。

到达目的地后，所有随身护卫人员需要下车护送护卫对象到达指定场所。护卫对象下车往往是比较容易发生意外的时候，也是随身护卫工作最重要的环节之一。当车辆停下后，就需要随身护卫人员下车查看周边环境是否安全，检查顺序一般为先从左至右，再从上到下，尤其需要注意周边 400 米范围之内的高层建筑上是否有可疑情况。

如果没有任何可疑情况，便可以请护卫对象下车。当护卫对象下车后，所有随身护卫人员就需要按照护卫战术围绕在护卫对象周围，并且要左右来回走动，切不可原地不动。首先这样可以防止远程枪击，而且还可以对周边进行警戒，保持护卫的机动性，以防各种意外情况发生。图 2-5 所示为 5 人停车护送，其中：P 为护卫对象；O_1 为护卫组长；O_4、O_5 护卫人员主要以车辆为护卫屏障，防止左右两侧的围堵和意外发生；O_2 护卫人员注意观察护卫对象后方，如有任何可疑情况，应当立即通报 O_1 护卫人员；O_3 护卫人员为建筑物内的检查人员，应当在护卫对象还未下车之前，检查建筑物内是否安全，并且起到引路的向导作用；O_1 护卫人员为护卫对象的贴身护卫，紧跟护卫对象的行动，并且负责整个护卫小组的组织和安排。所有护卫人员应当在自己的位置方圆 3~5 米内不停地来回走动警戒。

如果随身护卫人员为 3 人或者更少，则按照护卫位置的代号顺序依次减少岗位，一般保留 O_1、O_2、O_3 护卫人员的护卫位置。如果仅有 1 人，则保留 O_1 护卫人员。图 2-6 所示为 3 人停车护送，其职责与 5 人护卫人员的各自职责一样，只是减少了 O_4 和 O_5 护卫人员，并且其职责分别由 O_3 和 O_1 护卫人员来兼任承担。

如果护卫对象需要乘坐公共汽车、火车、轮船、飞机等公共交通工具，此

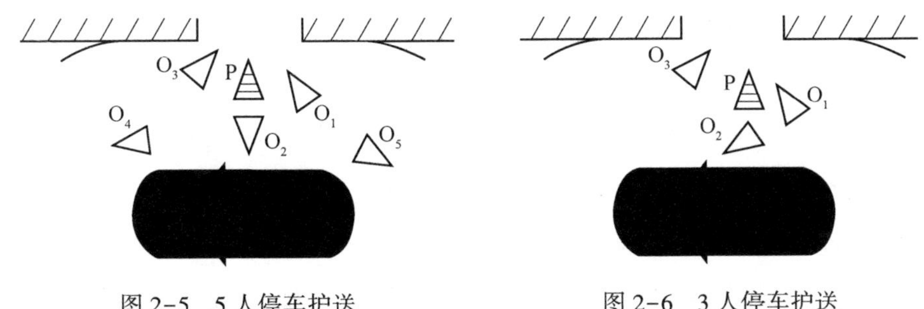

图 2-5 5 人停车护送　　图 2-6 3 人停车护送

时对所乘坐的交通工具无法进行仔细检查，尤其是在护卫对象参加商务活动时，要保障其人身安全就必须严格遵守保密原则。应防止护卫对象的行踪被其他人知道。做好严格的保密工作，将护卫对象的行踪始终控制在管理者和个别随身护卫人员的范围之内。如果乘坐火车、轮船，则可以购买一个包厢（舱）内的全部车（船）票，尽量与其他乘客隔离开来；如果是乘坐公共汽车和飞机，则护卫小组必须围绕在护卫对象周围，尽量使其他乘客与护卫对象之间有一个隔离空间。

（2）现场随身护卫战术队形

现场随身护卫的特点是流动性大，护卫对象不是在原地不动的，基本上需要在走动中完成活动，需要随身护卫人员徒步保护护卫对象以顺利完成任务。通常护卫对象的现场随身护卫工作是由若干名护卫人员组成一个小组根据不同的分工来完成的，根据实际情况，给组里的成员分配不同的工作任务和内容。其中，近距离护卫的人员是通过不同的战术队形或者是战术站位来保护护卫对象的安全，充分利用战术队形的集体合作效应，将护卫对象与潜在的危险隔离开，保证护卫对象在空间上有一定的安全距离，便于在突发情况下，护卫人员能够迅速出面干预或制止危及护卫对象人身安全的事件发生。

在随身护卫工作过程中，根据实际需要，护卫对象可以由 1 人、2 人或者多人协同配合完成随身护卫工作。在复杂的活动现场，可以采取一些随身护卫技术、战术，将安全风险隔离在护卫对象之外。从战术角度上讲，应该在护卫对象与其他人之间设定一个警戒距离，这要根据周围的人员而定。如果参与本次活动的人员较多、密度较大，那么距离的最低限度应保持在 1.5 米左右，护卫人员要将护卫对象与危险隔离开来。如果人员密度不大，那么就可以将警戒范围放大到 3~5 米，当有陌生人接近护卫对象 5 米之内时，护卫人员就需要主动观察对方的意图，当陌生人超过护卫人员的警戒线（一般保持在 1.5 米）时就需要主动上前保护护卫对象。如护卫对象是本次活动的主角，那么就有可能会遇到人群围堵，在一些特殊情况下，遇到陌生人主动上前想与护卫对象搭讪或者问候，应观察护卫对象是否认识对方，如果护卫对象不认识对方，就需要主动上前有礼貌地进行询问或者主动向对方示意护卫对象不便回答。如果护卫对象认识对方，而且此人又神情自然、无异常表现，那么就可以让他在护卫人员的看护下与护卫对象交谈，护卫人员此时要注意保持好一个安全距离。

1）固定场所的随身护卫战术。一般是指活动在会议室、体育馆等封闭、半封闭空间内举行，这种封闭、半封闭空间的随身护卫工作所采用的随身护卫技术、战术都与住地护卫基本相同。但是还有一点需要引起所有随身护卫人员警惕，那就是场所的流动人员可能要比住地的多，而且相对要复杂得多。因此，就需要护卫人员在参加活动前对参加人员的基本情况有所了解，以便在有人主动靠近护卫对象或者活动场所时，护卫人员能够及时判断出对方是否存有不良企图。

固定场所的随身护卫工作一般是指原地护卫，是护卫对象在驻足交谈或者参加活动时在原地参观等情况下，如何对其进行更有效的保护。在护卫对象原地活动时，随身护卫人员需要在护卫对象周围迅速形成一个保护范围，以防止突发事件的发生。如图 2-7 所示，当只有 1 名随身护卫人员 O 保护护卫对象 P 时，该护卫人员尽量不要站在原地不动，应当在护卫对象 2~3 米的范围内不规则地运动，但是一定要注意护卫对象身后的行人，防止在护卫对象没有觉察的情况下受到伤害。同时还要注意观察护卫对象周边的行人的情况，注意观察他们的身份是否与此次活动相符，留意一些与周边环境不相符的行人，尤其是主动靠近护卫对象的可疑人员。随身护卫的同时，在保障护卫对象安全的情况下，护卫人员还应当注意一些商务礼仪。如图 2-8 所示，当由 O_1、O_2 两人保护护卫对象 P 时，应该在护卫对象的前后 2~3 米的地方来回走动，但在护卫对象前方的护卫人员一定要注意不要影响他的正常活动，并且两人都要注意运动方向。如图 2-9 所示，如果是由 O_1、O_2、O_3 3 人或者是更多的护卫人员保护护卫对象 P 时，就需要在护卫对象的周围形成一个与行人隔离的安全区域，将其与行人隔离开来，这样更有利于护卫对象的人身安全。无论是 1 名还是多名随身护卫人员保护护卫对象，都需要注意在护卫对象 1.5~3 米以内的行人，同时还要注意

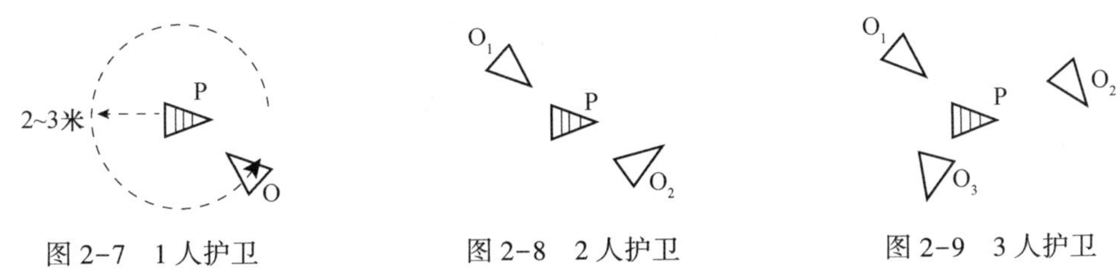

图 2-7　1 人护卫　　图 2-8　2 人护卫　　图 2-9　3 人护卫

周边 400 米以内的制高点，观察是否有可疑迹象。如果行人较少，就需要注意观察护卫对象周围 5 米以内的行人。

2）单人承担随身护卫任务的基本操作。单兵作战要求其个人综合分析能力、反应能力、处理突发事件的判断能力都非常高，要求随身护卫人员的综合素质较强，无论是在智能还是在体能上都有较高的要求。在接受随身护卫任务、制订总体计划时就应当注意，分配单人承担护卫任务首要的是根据实际情况，尤其要考虑单人的工作负荷压力，应当尽量避免超过此人的最大承受限度。比如让 1 人随身护卫一位文体明星在无任何掩护下穿越闹市或者参加活动，这种情况就将给护卫人员带来很多超出能力范围之外的工作压力，可能就不能完成护卫任务。当 1 人保护护卫对象时，首先要注意个人的衣着打扮、行为举止。因为在 1 人护卫时，最好不要让周边一些想对护卫对象意图不轨的人产生警觉，不要让他们提前发现护卫对象身边有随身护卫人员，这样他们就会放松警惕，容易尽早暴露他们的行动目的，便于攻其不备，保护护卫对象撤离现场。所以，随身护卫人员的衣着风格、言谈举止应当尽量与周边环境保持统一，而且要不断地变换自己与护卫对象的距离，保持一个好的护卫距离也是护卫任务成功的一个重要环节。

单人行进随身护卫基本战术、站位如图 2-10、图 2-11 和图 2-12 所示，各图中 P 为护卫对象，O 为随身护卫人员。如图 2-10 所示，护卫人员 O 如果是习惯用右手的话，则应当跟随在护卫对象 P 的左后方，并在虚线箭头活动方向上变化跟随位置。当突然后面有人对护卫对象产生威胁时，护卫人员则能够迅速做出反应。此队形为常用单人护卫队形。如图 2-11 所示，当护卫对象 P 左侧为墙或者是实体时，护卫人员 O 可以跟随在护卫对象的右侧。但是当左侧实体为楼房或者高大的建筑物时，护卫人员应该注意高空坠物。此战术也可以在护卫对象登车时或者是向左进入建筑物时采用，但是在登车或者进入建筑物时一定要注意确保车辆与建筑物内的安全，因此一般在车内或者在建筑物内有同伴接应时采用。如图 2-12 所示，如果不能确定建筑物或者车内是否安全，护卫人员 O 应该在护卫对象 P 之前先行，并且及时观察拐角内是否安全，等确保安全后再继续前行。

图 2-10　单人行进护卫 1

图 2-11　单人行进护卫 2

图 2-12　单人行进护卫 3

3）两人及多人小组承担随身护卫任务的基本操作。两人及多人承担随身护卫任务时，首先就是要注意护卫人员之间的默契配合，根据任务分工组成护卫小组并讲究团队工作功效最大化。每个小组都应由护卫组长负责，组长应根据护卫对象、组员、环境的实际情况来安排具体工作，尽量做到人尽其用，将各人的优势发挥到最大化。

在两人或多人小组承担护卫任务时，尤其是多人配合时，为了起到威慑的目的，可以统一着装，也可以选择个别护卫人员游离或潜伏在人群中，从暗处观察周围环境的变化，遇到危险时便于及时出击。如图 2-13 所示，此队形是两人小组常用随身护卫队形，左后方的护卫人员兼小组长 O_1 是保护护卫对象 P 不受身后的攻击，并负责指挥行动和战术的变换。右前方的护卫人员 O_2 是保护护卫对象不受正前方的攻击，同时也可以在行人比较多的时候为护卫对象扫清道路。如图 2-14 所示，当护卫对象 P 被少数人围堵的时候，O_1、O_2 两个护卫人员可以采取交替前行的队形来保证护卫对象行走道路畅通，能够快速通过人群。当护卫对象遇到人群拥堵时，O_1 护卫人员迅速通知 O_2 护卫人员交替前进：首先 O_2 护卫人员原地不动，保持警戒，并且挡住人群。这时 O_1 护卫人员迅速前行到达“①”位置，护卫对象在 O_1 护卫人员的保护下到达“②”位置，O_1 护卫人员到达“①”位置后保持警戒并且开辟道路让 O_2 护卫人员保护护卫对象通过并朝“③”位置前进。如图 2-15 所示，此队形适用于登车或者是在建筑物前拐 90°弯角时使用。当需要拐弯或者是登车时，右前方护卫人员 O_2 需迅速上前观察拐角或者车内情况，如果安全，则面朝外原地警戒。此时护卫对象 P 应等候在车外或者是拐角外侧，不要跟随 O_2 护卫人员上前探查，待 O_2 护卫人员检查完毕后，再登车或拐弯。左后方护卫人员 O_1 在 O_2 护卫人员开始检查时，则站在护卫对象的右前方，面朝外保持警戒，一旦有异常情况发生，则迅速保护护卫对象离开现场。

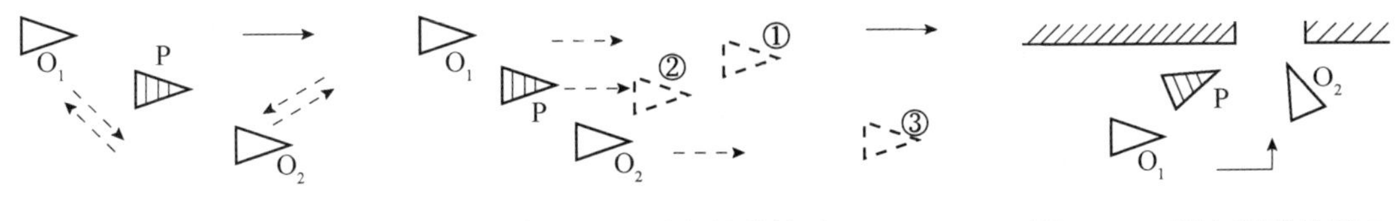

图 2-13　两人行进护卫 1　　图 2-14　两人行进护卫 2　　图 2-15　两人行进护卫 3

4）3 人承担随身护卫任务的基本操作。如图 2-16 所示，O_1 护卫人员为组长，负责整个随身护卫行动的战术安排，并且负责护卫对象 P 左侧和后方的安全。O_2 护卫人员负责护卫对象右侧安全，并且负责周围警戒，如果护卫人员也是司机，那么也可以安排在这个位置上，以便容易保护护卫对象上车。O_3 护卫人员负责观察前方情况和保护护卫对象前方安全，并且负责清开道路。如果遇到人群围堵，则 O_3 护卫人员和 O_2 护卫人员交替前进清除障碍，或者由一人开道另一人警戒，O_1 护卫人员负责指挥和护卫对象的后方安全。护卫对象应当紧随没有开道任务的人员，一般不采用驾驶员开道，并且也要保证驾驶员的安全。如图 2-17 所示，如遇拐弯或者是乘车时，则采用这样的战术队形。由 O_3 护卫人员去检查车辆内部安全或者是拐弯处死角的安全，由 O_1 护卫人员和 O_2 护卫人员负责护卫对象 P 的安全，进行原地警戒，O_1 护卫人员同时还要注意高空坠物。待 O_3 护卫人员检查完毕并确定安全后，O_3 护卫人员先行，然后依次通过。

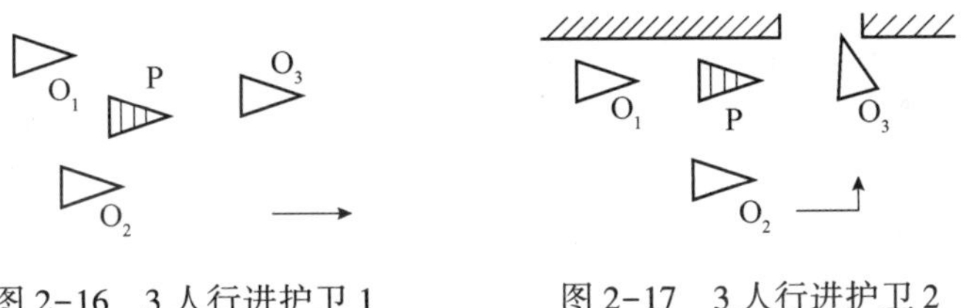

图 2-16　3 人行进护卫 1　　图 2-17　3 人行进护卫 2

5）4 人承担随身护卫任务的基本操作。如图 2-18 所示，此队形为 4 人护卫常用队形。O_1 护卫人员为组长，负责护卫对象 P 背后和左后方的安全，O_2、O_3 护卫人员分别负责护卫对象左、右侧安全，O_4 护卫人员负责观察前方情况，并负责开道和护卫对象前方的安全。如图 2-19 所示，此队形也能够用于行进时的护卫，与如图 2-18 所示的队形基本一致，但是此战术队形突出的是加强了前方力量，是为了冲破人群围堵而用。O_1 护卫人员为组长，负责护卫对象 P 身后和左侧的安全，O_2 护卫人员负责护卫对象右侧安全，O_3、O_4 护卫人员负责前方警戒并且担负交替开路的任务。如图 2-20 所示，此战术队形多用于登车或者拐弯时使用，O_1 护卫人员为组长，负责护卫对象 P 后方和战术安排，O_2 护卫人员负责护卫对象右侧安全，O_3 护卫人员承担护卫对象前方警戒，O_4 护卫人员负责查看入口或者车内是否安全。待 O_4 护卫人员发出确认安全的信号后，护卫对象才能进入入口。

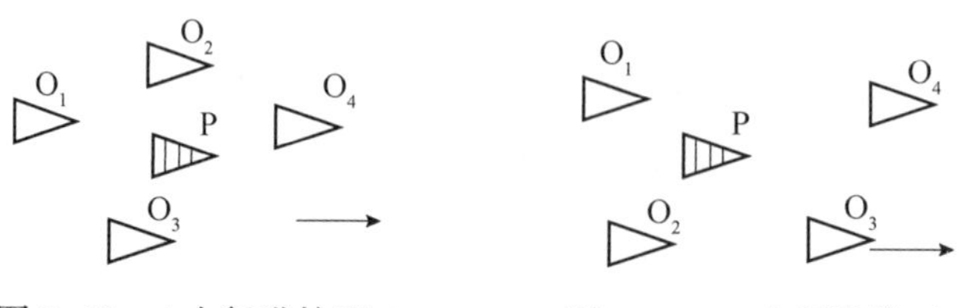

图 2-18　4 人行进护卫 1　　图 2-19　4 人行进护卫 2

4 人小组基本上能够满足全方位保护护卫对象的安全，并且护卫力量基本上能够应付大多数异常情况。所以，4 人随身护卫为基本安全配置，也被作为常用基础人员配置。如果在护卫对象参观游览时，周围人群密度不大，则可以采用如图 2-21 所示的战术队形，也就是 O_1、O_2、O_3 护卫人员跟随护卫对象 P，而 O_4 护卫人员游离在群众中间作为后备力量，在遇到危险时可以出其不意地主动出击，而且容易通过观察发现人群中的各种异动。如果护卫对象固定在某一范围内，则 O_4 护卫人员可以占领制高点从高处观察护卫对象周围的情况。

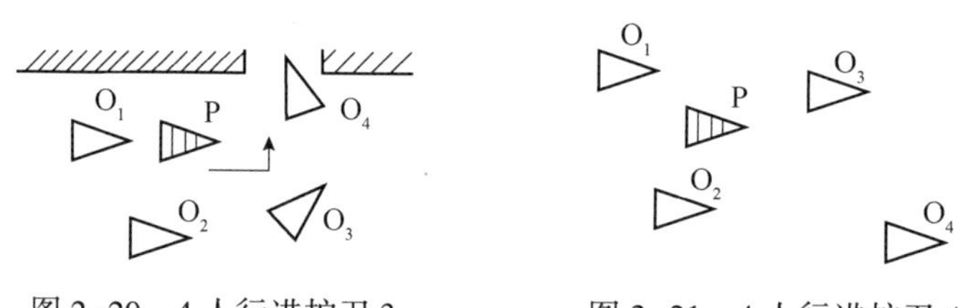

图 2-20　4 人行进护卫 3　　图 2-21　4 人行进护卫 4

6）5 人承担随身护卫任务的基本操作。如图 2-22 所示，此战术队形是行进时常用队形，O_1 护卫人员为组长，负责所有的战术安排。如图 2-23 所示，此战术队形用于人群拥堵的时候，O_1 护卫人员为组长，O_3、O_4 护卫人员主要负责前方警戒以及开辟道路，O_1、O_2、O_5 护卫人员负责护卫对象 P 的人身安全。如图 2-24 所示，此队形中 O_1 护卫人员为组长，O_4 护卫人员为游离护卫人员，其作用与 4 人小组的游离护卫人员一致。如图 2-25 所示，此战术队形用于登车或者是拐弯，O_4、O_5 护卫人员为探查护卫，O_1、O_2、O_3 护卫人员负责护卫对象 P 的人身安全，O_1 护卫人员为组长，同时负责战术安排。

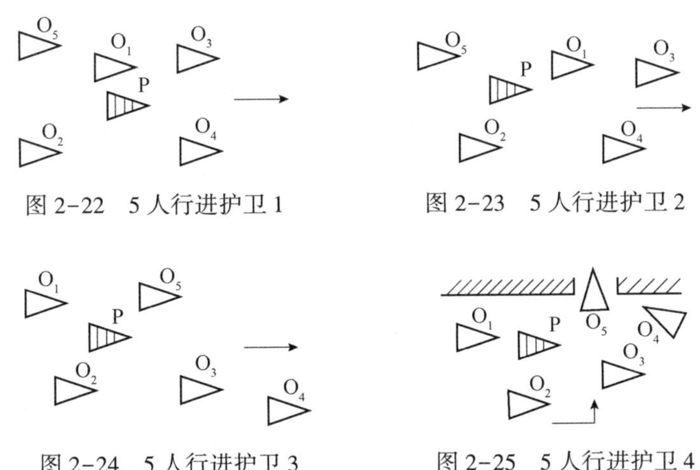

图 2-22　5 人行进护卫 1

图 2-23　5 人行进护卫 2

图 2-24　5 人行进护卫 3

图 2-25　5 人行进护卫 4

3. 随身护卫控制

随身护卫控制是实施随身护卫工作任务的重要措施手段，要掌握好随身护卫实战中的护卫控制原则和控制战法，以实现随身护卫控制理论指导实战的目的。

（1）控制原则

1）全时空控制原则。全时空控制包含全方位、全天候控制两层意思：全方位控制就是点、线、面结合，形成立体多维度控制体系，随身护卫的力量设置要做到以点制面、以面保点、以外保内、以局部保全局；全天候控制要考虑昼夜的连续性，并且不受气候条件多变的影响，严密无隙地控制。在实施全时空控制的过程中，既要有严密的空间布置，同时也要考虑到每一时间段的控制，两者缺一不可。随身护卫工作想要达到万无一失的目的并非易事，这是因为威胁安全的因素无时无处不在，是不以人们的意志为转移的，危险的随机性和不规律性使人们无法事先具体、精确地确定其在何时何地发生，任何一个人员和环节发生问题都可能导致严重的安全事故。为此，随身护卫工作面对来自方方面面可能发生的威胁，应该形成以面保点、以面保线的控制态势，从而实现全时空控制。

2）突出重点原则。突出重点原则就是在全时空控制原则的基础上，对重点人员、要害部位、重点位置和复杂地段加强措施、重点控制。重点人员、要害部位、重点位置和复杂地段这些点非常重要，是整个面控制的关键部位。在随身护卫控制过程中要做到突出重点，应当把握好两点：一是把主要护卫力量配置到主要问题的解决上。人力资源是有限的，科学合理地使用人力在某种程度上是解决问题的关键之一。因此，在确定了影响护卫工作的主要问题和解决方法之后，必须敢于和善于动用足够的力量解决主要环节的重点问题。将护卫力量用于主要方向和主要问题，绝不是舍不得投入护卫人力，更不是平均使用力量。二是应根据情况和环境的变化，因人因时因地因事而异，采取灵活多样的方式方法，创造性地实施随身护卫任务。

3）整体协调原则。整体协调即执行随身护卫任务的单位和人员要加强相互之间的联系，主动配合、通力合作，形成协调一致的控制整体。目前，随身护卫工作往往和大型活动的特保工作相结合，外围是特保人员，内围是随身护卫人员。护卫控制力量的多元化不可避免地导致各种主体带着各自的特点、职责和观念实施护卫控制任务，于是，各种控制主体的行为之间必然带来相互不利的影响，易形成控制盲区或盲点，还会出现一方的行为只对自己有利而对另一方有害等问题。因此，为了避免各种不利因素的产生，随身护卫控制必须采取整体协调的原则，协调各方行为，实行统一指挥，构造成一个协调有力的系统，在最大限度上发挥整体作战的优势作用。

4）公开与非公开结合原则。公开和非公开结合就是除了部署公开的随身护卫力量外，还要发挥非公开力量的作用，使两方面的力量很好地结合起来。在具体的任务部署中，除了在关键要害部位上布置以公开形式出现的固定哨、流动哨或制高点哨外，还通常在人群中安排一些以群众身份出现的隐蔽机动力量，使哨位力量与机动力量相结合。这样的部署不仅有效地扩大了执行任务时可控制的范围，同时还有利于处理突发事件时的策应。

以上各项原则，是随身护卫控制的基本原则，各项原则既具有相对的独立性，又具有统一性。原则的独立性，是指各项原则都有其特定的含义和作用，可以单独应用它指导某一方面的护卫控制；原则的统一性是指各项原则之间有着相互联系、相互制约的内在关系，为实现护卫控制的目标相互配合、相互补充，组成统一的原则体系。因此，在执行各项原则时，既要发挥各项原则的独立作用，又要发挥整个原则体系在护卫工作中的合力作用。此外，在执行各项原则时，还应从实际出发，灵活运用，既坚持原则的指导作用、坚持按原则办事，又要根据事物的不同情况，采取不同的处理方法，以达到正确执行原则的坚定性和灵活性的统一和结合。

（2）区域控制

1）护卫区域构成。护卫区域是指在护卫对象周围纵深形成的警戒范围，构成要素为护卫对象、活动现场及护卫力量等。其中，护卫对象是护卫区域的核心要素，活动现场是护卫区域的环境要素，护卫力量是护卫区域构成的保护主体要素。护卫区域相对封闭，所以基本形式通常为圆形。但因受地理环境、社会环境、护卫任务性质等因素的影响，护卫区域形态种类繁多、各有不同，跟随护卫对象位移呈动态变化，常见形状有圆形、条状、滚动连续状等。

2）护卫区域特征。护卫区域构成内容复杂，呈多面性表现。用辩证的观点分析，护卫区域有如下特征：

①固守性和层次性。对于现场护卫而言，周围的建筑等是不变的，但划定的护卫区域的每道防线、每次任务是不尽相同的。

②随机性和衔接性。在护卫对象移动护卫中，护卫区域也必须随之移动变化，这种变化不是跳跃间断而是滚动连续的。

③社会性和非公开性。有的护卫任务是在公开场合进行的，如车站码头、广场歌会等，因此护卫区域具有社会性；而有的护卫任务是非公开性的，护卫区域也相应地具有非公开性。

3）护卫区域层次。护卫区域层次是指部署在护卫对象周围的多层防线。通常情况下，根据护卫任务的等级，可分为三层，即核心护卫区、内围护卫区、外围护卫区。核心护卫区实行真空控制，禁止外人入内；内围护卫区一般也控制外人进入；外围护卫区根据具体情况划分。划分护卫区域层次不是盲目的，要以既保证安全又尽可能减少社会影响为基本依据，应该遵循适度的原则、保密的原则、经济的原则，不得侵害他人的权益。

4）区域控制方法。区域控制方法分为外围控制、内围控制、中心控制等方法。外围控制一般是指护卫对象进出站、上下车经由线路外部的护卫控制，如制高点、候车室、地下通道、广场等。外围控制一般采取定位控制、定时控制、区段控制等方法，限制无关人员进入受控的护卫区域。只有将外围局面控制住，把各种危及安全的情况解决在外围，内围的安全系数才能提高。内围控制一般是指护卫对象进出道路两侧和住处周围的护卫控制，以及时发现和制止无关人员进入中心区域，一般采取定位控制、定时控制等方法。这道防线离护卫对象较近，一旦遭到不法人员突破，就会使护卫人员措手不及，危及安全。中心控制也称近身控制，是指时刻与护卫对象保持紧密距离，这是随身护卫的最后一道防线。中心控制区域随着护卫对象的运动而变化，一般采取滚动控制，它与外围和内围岗位相比是处于流动状态中的动态岗位，主要是控制和处置发生直接危及护卫对象安全的紧急情况。

三、随身护卫任务中常见突发情况处置

1. 突发情况处置原则

在执行任务过程中，随身护卫人员经常会遇到各种情况干扰护卫任务的顺利进行。在此情形下，随身护卫人员需要立即采取措施，规避或者控制事态恶化，这就是随身护卫任务中突发情况处置。在处置过程中，随身护卫人员需要采取合理有效的措施，严格执行处理突发事件的程序规定，通过团队合作来应对多变的环境和事态发展。在随身护卫工作过程中，常见的突发情况有：围堵、尾随、偷拍等非暴力行为；徒手或持械等暴力伤害；意外事故和自然灾害。

在随身护卫任务中，处置突发情况要求所有护卫人员必须把握好及时报告、依法护卫、及时撤离等原则。

2. 突发情况分类处置方法

随身护卫人员在执行任务过程中，如遇突发性事件，必须按照护卫方案实行统一指挥、密切配合、分工合作，避免因处置不当危及护卫对象的人身和财产安全，激化矛盾或者对社会产生负面影响。具体而言，应按以下不同的情形，采取不同的处置方法。

（1）干扰性事件的处置

在随身护卫工作过程中，遇有非袭击性、对抗性干扰行为时，应采取耐心劝退、人墙阻隔等方式，阻止人群干扰护卫对象的正常活动。对现场秩序严重失控且有可能危及护卫对象人身安全时，应采取掩护撤离等措施，利用护卫队形护送护卫对象快速离开危险区域。

（2）暴力性袭击事件的处置

在随身护卫工作过程中，遇有犯罪嫌疑人持刀、持枪等对护卫对象进行暴力袭击时，应首先确保护卫对象的人身安全，利用器械、身体等对袭击者进行制止、阻隔、还击和控制，同时利用护卫队形护送护卫对象快速离开危险区域。例如袭击者使用冷兵器暴力袭击时，可根据现场具体情况和环境，运用防卫术中的夺刀术强制缴械，制止袭击者的攻击。冷兵器暴力袭击是指使用匕首、菜刀、棍棒等行凶，具有灵活多变、杀伤力较强的特点，抢夺时应该本着“保持适当距离，不宜贴身搂抱”的实战原则，先避其锋芒，寻找空隙和弱点，再控制其持械关节，运用踢、打、拿、摔等手段制服袭击者。

（3）意外性事件的处置

在随身护卫工作过程中，遇有护卫对象突发意外的身体疾病或者发生火灾、爆炸等灾害事故时，护卫人员应快速反应，迅速转移护卫对象，使其远离危险，并向120急救中心或者110指挥中心等专业力量寻求帮助，请求他们在最短时间内携带专业设备到达现场采取应急处置措施。

3. 几种突发情况的处置措施

（1）护卫对象遭遇“追星族”追逐围观

在护卫对象与人群之间构成防范人墙，最大限度地隔离周围人员，防止“追星族”轻易靠近护卫对象。保持高度警惕，发现神态慌张、行为诡异或携带可疑物品的人员时，要特别注意观察其动向，及时引导护卫对象远离，同时积极采取预防措施，防止其突然袭击。必要时，将护卫对象带入邻近的宾馆、酒店，同时联系车辆，护送其从安全通道离开。

（2）针对护卫对象的各种暴力侵害

随身护卫人员应第一时间做出快速反应制服凶手，及时报警并将护卫对象转移到安全地带，迅速封锁现场及所有出入口，控制人员进出，如果大范围警戒力量不足，可请求增援。如护卫对象受伤，应立即抢救伤员并马上送医院治疗。

（3）护卫对象的活动场所或住地发生火灾事故

当发生火灾时，随身护卫人员应随时明确知道护卫对象所处的位置，以及从该位置出发的最佳逃生路线，应迅速护送护卫对象通过安全通道离开现场。火情初期，随身护卫人员应利用附近的消防器材紧急扑救，同时报警，并尽快向领导通报情况。如有可能，要通知、协助火场周围不知情人员撤离。

（4）入侵护卫对象住地场所

通过监控设备发现有人翻墙入院时，应立即加强对护卫对象所在房间的安全保卫，同时迅速搜寻侵入者。对已经进入楼道、房间的不明身份人员，应将其带出，查明身份，必要时可以报警交警方处理。

（5）拦阻护卫对象车辆

在出入口拦阻护卫对象车辆的，应设法进行阻拦，阻拦无效时应立即将其拉开，以便护卫对象所乘车辆能顺利通过。对于有行凶企图的，要采取果断措施将其制服，然后通报警方进行处理。

（6）发生自杀、自焚、自爆和制造爆炸等事件

现场随身护卫人员要立即报警，同时尽力控制当事人，设立警戒线，疏散围观群众。要迅速抢救转移伤员，搜捕作案人员，配合公安机关开展调查取证和各项善后工作。不法分子身上有可疑爆炸物或燃烧物的，应交由专业人员负责排除和处理。

（7）护卫场所发现可疑爆炸物品

对此应立即向指挥机构报告并报警，在现场设置警戒线，防止无关人员接近，情况基本确定后由指挥机构决定是否组织疏散。一旦发生爆炸事件，应立即控制场所的重要出入口，严禁无关人员进入，按任务和分工开展工作，设置警戒线，保护中心现场，协助转移伤员、疏散人群、维护秩序、稳定人群的情绪，防止人群因恐慌而发生骚乱。

4. 突发情况战术运用

（1）扑救与抵挡

扑救与抵挡是随身护卫人员在发现不法分子正在实施暴力行为或听到枪声等的瞬间，针对某一情况同时做出的两种反应动作，通常用于护卫对象在现场处于静态（如坐在主席台上、停留在某处观看或谈话等）或动态（如现场徒步行走、参观游览等）场合。

1）扑救。扑救是指随身护卫人员在遇有突发情况时，以迅猛的战术动作，使护卫对象低伏或倒地，并压在其身上的一种战术反应，目的是使护卫对象快速离开袭击者的“火力线”，躲避子弹或爆炸物的杀伤力或侵害，具体动作是“扑”和“推”。其中，“扑”是指随身护卫人员迅速将护卫对象扑倒在地，并压在其身上实施保护。在具体实施中，由于随身护卫人员当时所处位置的不同，其扑救的方法也有所区别。“推”是指随身护卫人员在紧急时刻，迅速将护卫对象就地推倒或将护卫人员推入附近的掩蔽物内，目的是快速离开袭击者的“火力线”。“推”的方向和方法有：

①推入防弹车或较坚固的车内。它既能使护卫对象躲避枪弹或爆炸物碎片，又能使其迅速撤离现场，是紧急时刻保护护卫对象的理想防护掩体。推时，应

一手将护卫对象头部压低，一手放在其背部，迅速将其推入车内，动作要迅速准确，用力要适当。

②推入建筑物内。当发生紧急情况时，如护卫对象恰好处在某建筑物附近时，随身护卫人员可迅速将其推入该建筑物内躲避袭击。推时，一手抓住其手臂，一手推其腰部，或由两名护卫人员采用前拉后推的办法，取捷径将护卫对象推入建筑物内。

③就地推倒。是指随身护卫人员将护卫对象向前、向下在原地推倒，同时压在其身上，使其免遭伤害。

2）抵挡。抵挡分为以身抵挡和利用器械抵挡。以身抵挡是指随身护卫人员在紧急情况下，用自己的身体抵挡袭来的子弹或爆炸物弹片等，以牺牲自己来保护护卫对象安全的一种方法。以身抵挡既是一种防卫战术行动，同时也是随身护卫人员英勇无畏、勇于献身的崇高职业精神体现。利用器械抵挡是指利用防弹公文包或防弹服等进行抵挡。防弹公文包具有轻便灵活、攻防兼备等特点，手持防弹公文包的随身护卫人员进行抵挡的战术有两种：一是利用防弹公文包护挡护卫对象的要害部位，如头部和胸部等；二是用防弹公文包护住自己胸部的同时用整个身体挡住护卫对象，还可边抵挡边还击，这种战术动作既能有效地护挡护卫对象，又能有效地保护自己和还击袭击者。利用防弹服护挡时，应根据现场具体情况，可采用迅速给护卫对象穿上防弹服或用防弹服遮盖护卫对象要害部位等方法，使其免遭伤害。

（2）掩护撤离

护卫对象遭袭击时绝不能搞“持久战”，而应在护卫队员的掩护下使其快速撤离，这是随身护卫人员应牢记的一条护卫原则。掩护是指对袭击者进行还击、压制、迷惑，以保护护卫对象迅速脱离危险地带；撤离是指随身护卫人员协助护卫对象快速离开袭击现场的行动。实施战术撤离时要注意把握3点基本要求。

1）选择正确的撤离方向。在实施紧急扑救战术的同时就应考虑撤离方向，即最安全的“突破口”。要考虑的问题有：该方向能否安全脱离袭击区？前方会不会有更大的危险？能否到达比较安全的目的地？

2）确定撤离的目的地。撤离目的地是在脱离现场之前或之后应该尽早确定的问题。选择撤离目的地时应重视和考虑：目的地的安全程度；到达目的地的可行性；目的地的附属设施情况，如医疗救护单位及其救护能力等；取得当地警方援助的可能性等。

3）报告情况。发生突发事件后，随身护卫人员应及时向警方和上级报告情况，在带领护卫对象撤离途中，还要不间断地报告、保持联络，以取得援助。可采取边撤离边报告情况的方法，报告情况的内容主要包括：发生事件的时间、地点和伤亡、损失情况；准备前往或正在前往的目的地，以及是否需要联系医疗救护单位；准备采用或已经采用的撤离路线，当前的位置；现场仍存在的危险因素及其危害程度等。

第三章 安全技术防范

第一节 设备操作

多年来的社会实践充分表明，安全技术防范在维护社会治安和打击各种违法犯罪活动中发挥着日益显著的作用。为了确保安全技术防范系统能在安全防范领域中发挥应有的作用和效果，除了需要建造从技术性能到工艺质量都能符合标准的系统设备外，还必须要有人会去操作使用。因为安全技术防范系统设备能否发挥作用，其自身的功能多、性能好是一方面，熟悉操作使用是另一重要方面，两者缺一不可。如果不熟悉其操作使用，安全技术防范系统设备就发挥不了应有的作用和效果。所以，熟悉和掌握安全技术防范系统设备的操作使用十分重要和必要。

一、安全技术防范系统的基本功能

1. 入侵报警系统

入侵报警系统的基本功能主要包括探测、报警控制与管理、状态指示与记录、自身安全监测与防护。

（1）探测

入侵报警系统最基本的功能是探测，系统应能对需防护现场可能的入侵行为进行准确、实时探测。可能的入侵行为包括：非法打开门、窗；通过暴力手段破坏天花板、墙体及建筑结构体；破碎玻璃；接触或接近保险柜或重要物品等。

（2）报警控制与管理

1）报警控制。报警控制功能主要体现在编程控制上。入侵报警系统应能通过灵活的编程设置对系统实施控制，使之能够更广泛地适应各种环境。例如，对瞬时防区和延时防区进行设置，由于两种类型的防区触发后的报警过程不同，需要根据现场的具体情况对防区类型进行合理定义。一般紧急按钮是发生紧急事件时人为触发的紧急报警设备，无论它连接到哪个防区，都一定要将此防区定义为瞬时防区，以保证一旦触发立即报警。入侵报警系统的编程控制功能还表现在对全部或部分探测回路设置警戒（布防）与解除警戒（撤防），向远程控制中心传输信息或取消信息传输，向辅助装置发送激励信号等。

2）报警响应。入侵报警系统的报警响应功能体现在响应时间上，即报警应及时迅速。所谓报警响应时间是指从探测器触发到控制设备接收到该信息并发出报警信号所需的时间。

3）报警传输。入侵报警系统应能够用有线或无线传输方式传输报警信号，应能对传输线路自检、巡检。应有与远程控制中心进行有线或无线通信的接口，并能对通信线路的故障进行监控。

（3）状态指示与记录

作为入侵报警系统，应能够对系统内所有的工作状态有所指示，这些工作状态包括试验状态、报警状态、故障状态及布撤防状态等，以便使用者（维护者）能够清楚地了解当前入侵报警系统的运行状况，并及时采取相应措施。

系统内的所有技术参数及其改变情况，系统各设备的运行、维修状况，各事件发生的时间、地点、处理结果等，都将是刑侦或解决争端的法律依据，所以系统应对发生的所有事件以及编程设置的所有参数进行记录并能查询，包括操作人员的姓名、开关机时间、警情的处理及系统维修情况等。

（4）自身安全监测与防护

入侵报警系统是确保区域安全所实施的技术手段，其自身的安全也很重要，应具备自身的安全监测与防护功能，如系统所连设备的状态监测、防破坏措施等。

2. 视频监控系统

视频监控系统是安全技术防范系统的重要组成部分，是利用视频探测技术监视设防区域并实时显示、记录现场图像的电子系统或网络系统。视频监控系统一般具有遥控功能、记录功能、回放功能、报警联动功能、图像丢失报警功能等操作功能。视频监控系统集成了预防、监视、控制取证和管理等功能为一体，在实际操作中具有以下 5 大功能。

（1）多路监控

多路监控功能有简单与复杂两种方式。简单的方式是采用视频切换器完成多路视频图像的时序性切换，每路视频图像依据时间顺序自动切换，并在监视器上停留固定时间。复杂的方式是采用矩阵切换模式，编制各种时序切换程序，实现多路同时时序性切换。在复杂的多路监控中也可以通过操作键盘完成对前端云台及镜头的控制；如果前端有快速球，那么也可以通过操作键盘完成对快速球预置位的设置与操控。

（2）视频录像

系统能够实时记录全部的视频监控信号，并能按照指定格式（MPEG-1、MPEG-4、H.264、JPEG、SVAC 等）将压缩后的数字视频信号保存在磁盘上。

（3）录像检索与回放

每台 DVR/NVR 均可启用录像检索功能并完成录像回放。另外，还可以建立一台录像资料集中管理的媒体浏览服务器，通过媒体浏览服务软件来完成整个视频监控系统资料的远程查询与回放任务。

（4）报警联动

报警联动功能包括：报警联动声音、视频、图像自动切换显示；报警联动视频自动录像。视频监控系统的报警联动功能一般都是通过矩阵切换模式的接口来完成的，这种接口一般有两种：一是矩阵报警控制箱；二是串口通信协议。

矩阵报警控制箱是通过若干个独立的开关量接口端子来接入其他系统的报警信号（如开启照明设备、启闭出入口执行设备、改变快速球监控方位等）。串口通信协议是利用串口总线及特殊编制的通信协议来接入其他系统的报警信号。

（5）视频移动侦测与识别

视频移动侦测与识别属于视频信号分析的范畴，一般通过两种方式完成：一种是专门的微电子技术设备；另一种是专门的分析软件模块。

通常复杂的视频信号分析都是在中心端完成，视频移动侦测就是从图像序列中将变化区域从背景图像中提取出来。移动区域的有效分割将大大减少后继过程的运算量。

3. 出入口控制系统

出入口控制系统一般具有人员进出信息的事务查阅功能、信息处理功能、设备控制功能、非正常出入报警功能等显示和操作功能。这些功能体现在以下 6 个方面。

（1）权限控制管理

中央管理部分首先要赋予操作人员登录的权限，并且使不同级别的操作人员对系统有不同的操作权限。一般情况下，操作人员按权限级别分为管理员、操作员。

由于管理者会要求不同的对象在不同的时间里，具有进出不同的区域的权限，因此，系统应能针对不同的对象设定相应的权限。例如，出入卡的权限可根据实际需要设置为一卡开一门（通道）、一卡开多门（通道）、多卡开一门（通道），同时附加以时间限制，如按小时、按天、按月授权。故此，系统应对不同对象身份信息的录入、授权、变更、注销、充值、延期、挂失等进行管理。

（2）数据管理

在应用出入口控制系统管理人流、车流或物流时，需要根据进出情况分析、决策相应的管理措施，尤其是当安全事件发生时，需要调查事件发生的时间、地点、进出对象、谁在管理、当时的设备状态等，为事件取证分析提供依据；系统应能实现各种对象的进出事件、操作管理事件、出入口设备工作状态等信息管理，提供系统信息的及时查询、统计分析、输出打印以及数据的备份、恢复等功能。同时，还需要将相关的数据进行定期或者不定期的存储备份，以备后查。

数据的管理是需要相应权限的，并且对于这些数据的操作工作应有日志记录或者工作记录，这是系统业务数据的安全性要求之一。

（3）系统校时

出入口控制系统的管理离不开时间，例如，进出权限的设立，要求允许在什么时间进出什么地方；如果是停车场，则要根据停车时长计算停车费用等。因此，时间的准确性和各设备时间的一致性是非常重要的。

信号的输入、规则的分析与处理、指令的执行、动作的产生以及事件的发生等，都会产生一系列的时间点或记录，由于这些时间点分别由上位机、下位机（识读、控制部分等）、执行设备各自生成，因此系统的上位机、下位机以及执行设备的时钟应保持一致。又因为上位机、下位机和执行设备的时钟的精度与准确度不一致，因此还需要有统一的时钟基准定时进行系统校时，时间的校准发起由中央管理单元统一完成。如有可能，在系统中置入标准时钟源，上面所述的所有设备的时钟均以此为基准，即能保证系统的时间统一并准确。

（4）实时监控管理

出入口控制系统可实时监控现场的进出数据，并显示在人机界面上，通常采用实时记录表、电子地图、图标标示等方式相结合。对于重要区域管理、车辆进出管理等，还应实现当识别到进出对象时，能立即实时地显示出现场的图像或视频，或者自动存储现场图像或视频，以备后查。

出入口控制系统还可以与定位技术、电子地图技术相结合，实时跟踪需要管理的对象的运动路径。

（5）特征识别与对比

人员特征包含人员的身份信息（如人脸、指纹、视网膜等）；车辆特征包括车辆号牌、车身颜色、长（高）度、车主（驾驶员）的身份信息等。系统在对进出对象授权时，主要是根据这些特征信息来进行设计各种不同的识别模式。

当系统处于某种识别模式下时，识别到这些特征信息后，由控制部分和中央管理部分共同进行核准、处理，或者从特征信息库中调出相应的特征信息数据进行对比，然后根据业务管理规则给出相应的控制指令、信号等，或触发相应的设备。

（6）系统报警提示

出入口控制系统的报警功能可分为现场报警、向操作（值班）员报警、异地传输报警等。

4. 电子巡查系统

电子巡查系统的基本功能是监督巡逻保安员能否按规定和要求进行活动，不是通常的人管技术，而是技术管人，由此来提高系统的安全技术防范能力和管理水平。电子巡查系统的主要功能有以下 4 个方面。

（1）系统查询

系统软件能编程巡查方案（设置多条不同的巡查路线、时间、地点、人员等规定），通过调用编程实施相应的巡查方案。

（2）巡查记录

巡查信息内容包括时间（精确到秒）、地点、人员等信息，巡查记录能正确反映正常活动的信息，也能对不规范巡查活动进行完整的信息记录，包括迟到、早退、漏巡、错巡、人员班次错误等。

（3）查询统计

获授权者（系统管理员或操作员）可按时间、地点、路线、人员、班次等方式对巡查记录做查询和统计，也可按专项要求的巡查记录（如迟到、早退、漏巡、系统故障等）做查询和统计。

（4）报警

在线式电子巡查系统具有报警功能，当出现下列情况时，系统终端能发出报警信号：

1）在巡查计划时间内没有收到巡查信息及收到不符合巡查计划的巡查信息。

2）收到设备故障或不正常报告。

3）收到巡查人员在发生意外时发出的紧急报警信息。

5. 停车场（库）管理系统

停车场（库）管理系统将机械、电子计算机、自动控制和前端感测技术有机地结合在一起，具有脱机运行、自动存储、进出记录、自动核费及扣费、语音报价、分层显示和图像摄像等功能。该系统的主要功能具体体现在以下 9 个方面。

（1）挡车

系统的出入口部分具有通过自动或人工控制的挡车器，达到允许或禁止通行的目的，并具有防砸车功能。

（2）空余车位显示

能自动计算停车场（库）中的空余车位数量，并在停车场（库）的入口处显示。如果停车场（库）没有空余车位，系统将拒绝车辆进入。

（3）自动读卡（包括其他出入口凭证）

对于持有 IC 卡的用户，读卡机将自动读取车主的 IC 卡信息，并将信息传输到停车场（库）管理控制中心进行核实。

（4）自动发卡/吞卡

对于临时用户，在入场（库）时，可以通过按出入口主机上的取卡按钮，获得一张 IC 卡，系统同时读卡；在出场（库）时，用户将卡插入出入口主机上的插口，系统将自动吞卡。

（5）应急开启/关闭

在停电或系统不能正常工作时，通过手动开启或关闭挡车器进行应急处置。

（6）图像抓拍、识别、比对

固定在进出口的摄像设备实时抓拍车辆图像。当车辆入场（库）时，将抓拍的车辆图像信息（如车牌、车型、颜色等）存储在系统中；当车辆出场（库）时，管理员进行图像比对，以判断进出场（库）是否是同一辆车，同时达到防盗的作用。

（7）自动计费

系统依据车型和停车时间自动计算停车费用，并将应收取的费用在 LED 显示屏上显示，提示用户缴费金额。

（8）控制管理

以人性化的操作界面呈现给操作人员，以简单的操作实现发放会员卡、设定收费标准以及打印统计报表等，并将获得的车辆相关信息存储在系统数据库中。

（9）系统报警

系统报警分为现场报警、向操作员（值班员）报警、异地传输报警等方式。在发生以下情况时系统会产生报警：

1）当识读到未授权的车辆标识时。

2）当识读到已设定的须提示车辆标识时。

3）当非正常操作而使出入口挡车器开启时。

4）当识别到已进入黑名单的车辆时。

二、安全技术防范系统的操作方法和要求

1. 操作基本要求

（1）入侵报警系统

1）熟悉报警主机接收报警信号后所显示的各种报警信息。

2）能对报警主机进行布防和撤防。

3）能够熟练操作报警确认、报警消声、报警查询和报警复位等功能。

4）能对报警主机显示的各种报警信息进行整理、分析、存档和打印。

5）能校正报警主机时钟。

（2）视频监控系统

1）能操作视频矩阵系统，并在控制室指定显示设备上调用或切换指定的前

端摄像机的图像。

2）能对前端摄像机进行全方位遥控，能对摄像机镜头的变焦、聚焦以及防护罩内受控部件进行远程控制。

3）能在指定的显示设备上运行视频时序程序。

4）能对重要视频图像进行回放和提取。

5）能对摄像机的位置编码（或中文地址）、时间进行设置和修改。

（3）出入口控制系统

1）能操作系统人机界面上显示的门禁设备的各种状态，并进行记录和打印。

2）能对新用户进行分级授权。

3）能根据需要删除用户权限。

4）能制定黑名单。

5）能手动对前端执行机构进行控制。

6）了解对出入口控制系统紧急逃生功能的要求。

（4）电子巡查系统

能够对巡查的路线、时间进行设置，能读取、查验、打印巡查记录。

（5）停车场（库）管理系统

能采集各类车辆进、出、停的时间信息和身份信息，为保安工作提供信息支持。

2. 注意事项

（1）布、撤防时的注意事项

1）上班时或防护区域内有人正常走动时，应将报警控制器设置在撤防状态；下班后，操作人员应先对监控范围进行巡视，确认人员都撤离现场以及门、窗、锁等设施都关闭后，再将报警控制器设置在布防状态。在夜间，非业务需要和一些不应有人进入的场所，未经单位领导许可，操作人员不得擅自将报警控制器由“布防”改为“撤防”状态。

2）当布、撤防的操作键盘置于探测器的探测区域内时，防盗报警控制器设置为警戒（除使用遥控器或门锁钥匙外）时，应有退出延时。退出延时可以事前经过操作设定，一般不超过 2 分钟，退出延时期间会给出指示。也有从保护区外面用一个退出终结装置结束延时，从而避免由于正常退出延时后产生误报的情况。

3）当布、撤防的操作键盘置于探测器的探测区域内时，解除警戒（除使用遥控器或门锁钥匙外）前应有进入延时，进入延时可以事前经过操作设定，一般不超过 2 分钟，进入延时期间会给出指示。

4）入侵报警系统处于布防警戒状态时，只能用授权的装置和（或）用户密码、有效卡等解除警戒，不能用操作面板上的单一按键解除警戒。

5）入侵报警系统的报警控制器的操作应落实专人负责，操作密码不得向无关人员泄露，密码应定期更改，特别是容易被人看到操作的地方。

6）在选用的报警信息显示设备上，除了应能显示入侵报警信息外，还必须有布、撤防的操作信息。否则，一旦在布防区域内发生非法入侵行为，而显示设备没有相应的报警信息显示时，就难以判别究竟是事前未布防还是设备漏报的问题。

7）入侵报警系统因设备发生故障无法布、撤防时，应及时报修。

（2）录像视频资料的管理

1）存储设备的硬盘一般要能够保证有一个月的信息资料的存储空间，如果达不到要求，应告知系统维护专业单位派出专业技术人员进行扩容配置。

2）通过报警实现信息存储的设备，应通过专门的硬盘进行记录和播放。

3）视频资料的保存功能操作，是每一个监控保安员必须具备的十分重要的技能。数字录像设备是专用录像机，一般情况下，图像、声音信息保存时间是有一定时限的（一般不少于 30 天），超过时限后，数字录像设备会自动覆盖、删除所有超期的信息。所以，对有用的、需要的图像和声音信息等进行及时转移保存是十分重要的。数字录像设备需要转移的信息可以用光盘机刻录，也可以保存到移动硬盘里，或转移到其他电脑上。

4）数字录像设备如果自带播放软件，就可以直接播放、查看录像动态画面。当要将动态图像拷贝给公安机关或做其他用处时，就要将播放软件一起拷贝到图像文件中。因为数字录像设备的图像是专用的，是不能在其他电脑上直接播放使用的，只有该台数字录像设备的专用播放软件才可以播放这些图像。

5）对抓拍的静止图像照片，文件的保存与转移、剪切和另存为，都要注意保存格式。一般数字录像设备常以 BMP 格式自动保存在电脑 C 盘“我的文档”

文件夹里，而后期制作的一般都使用 JPG 格式保存。

6）对于监控网络终端电脑的动态图像，一般只能在原电脑上播放查看。这是为了保密的需要，也是数字录像设备的技术要求。所以，监控保安员或监控管理员要将数字录像设备的终端播放软件作为保密件保存好，不要随便被人拷贝走。

7）系统记录信息应包括事件发生的时间、地点、性质等，记录的信息一般不能修改。

3. 功能设置基本要求

（1）入侵报警系统

1）能按时间、区域、部位、声音对报警主机设防和撤防进行任意编程。

2）能设置与其他安全技术防范子系统的联动关系。

3）能设置与其他安全技术防范子系统的通信和联动功能。

（2）视频监控系统

1）能对视频图像上的摄像机的编号、部位、地址和时间、日期的显示等进行设置和编辑。

2）能对前端遥控摄像机预制位进行设置。

3）能对视频图像时序显示程序进行设置。

4）能对视频图像与报警联动对应关系进行设置。

5）能对视频监控系统与其他安全技术防范子系统的通信和联动进行设置。

（3）出入口控制系统

1）能对前端设备的各种状态及动作信息进行管理、设置。

2）能对可通行人员（车辆）进行授权或取消授权管理进行操作。

3）能设置系统与其他安全技术防范子系统的联动功能。

（4）电子巡查系统

能对巡查程序进行编制、设定巡查路线和检查、管理、打印巡查记录等操作。

（5）停车场（库）管理系统

停车场（库）管理系统的设置主要体现在能对不同车户卡进行设置，主要有：

1）长期户。买断车位的车户，经过特殊设置的车户卡，车辆凭该卡可以在任何时间自由出入车场（库）。

2）月租户。交纳月租费后经过设置的车户卡，车辆凭该卡可以在有效期内自由出入车场（库）。

3）临时卡。车辆进入车场（库）时，电脑已记录了该车入场（库）的日期和时间，读卡出场（库）时，电脑自动计算出该车的停放时间，根据设定的计费标准，自动计算出收费金额。

（6）集成管理平台的操作和设置

系统的集成管理平台除了具有能实现各个子系统的一般操作和功能设置外，还应尽量与安全保卫工作的实际相结合，满足实战指挥系统的需要，实现信息资料查询的多样化和智能化操作，并应满足以下 5 个方面的功能操作和设置要求：

1）一旦发生案情，应直接启动相应场景监控和相关警情资料收集，可通过执行摄像机预置位获取现场最有效画面，可根据场所的特点，按时间段预置，实现有目的、有计划的监控管理。

2）系统可自动把监控范围内的所有监控点在地图上突出显示，并自动打开图像，自动搜索监控范围内的图像，也可在 GIS（地理信息系统）地图上绘制、编辑、查询警卫路线，系统自动生成可调范围内的监控列表，并在地图上突出显示，供指挥人员快速调度。

3）历史图像资料能多样化和智能化查询，如多点同时段回放、单点多时段回放、目标图像标签、录像特征检索等。

4）设置智能分析预警规则，可实时接收智能分析报警信号，在平台上进行声、光、电提示，并实现相关信息联动。如对区域内人员密度增长趋势将超过正常范围、疑似抢劫（斗殴）行为、区域内违章停车、遗留（丢弃）物品等异常情况，系统能自动识别并发出报警提示。

5）实战应用平台应能提供强大的系统管理功能，包括用户管理、设备管理、数据管理、维护管理、时钟同步以及处警预案等，以便于管理、维护人员对系统进行实时掌控。

4. 操作方法和步骤

随着现代科技的不断进步和发展，安全技术防范系统也实现了自动化和智能化，但一些功能还必须依靠技术人员来进行人工操作，主要体现在系统对前端设备的控制和对系统功能的管理两个方面。目前对安全技术防范系统设备没有统一规定的操作方法，即使同类产品，因其编制的操作软件不同，决定了每个系统或设备的操作界面和操作步骤也不完全一样，具体到某个系统或设备究竟如何操作，都应认真按其产品说明书的要求进行。但系统或设备操作和使用也不是无章可循，一些基本的操作要点应该都是一样的。例如：入侵报警系统的布、撤防需要按密码键，系统报警会显示报警防区号，系统撤防会自动消音；图像回放需要按回放键，并根据工作日期和时间段选择所要回放的图像文件。

学会或者熟悉了一种型号设备的操作后，其他同类型设备的操作一般都是大同小异。下面介绍一些系统设备常规的操作方法和步骤。

（1）入侵报警系统

操作前应熟悉防范区域的入侵报警系统的种类、设备型号、联网方式、各设备的安装位置以及防范作用等，检查各类探测设备的运行状态是否处于准备状态，如处于非准备状态的需前往进行处理，使各类探测设备恢复至准备状态。观察操作键盘的指示灯或显示屏的显示状态，正常准备状态的键盘只显示电源、准备这类信息。

1）布防。开启报警设备，使其进入待警状态。输入密码后按确认键，键盘发出提示音（10 多秒后自动停止），布防灯常亮，说明布防成功，该报警系统已经进入待警状态，一旦有非法入侵者进入且触发探测设备后即会报警，并在键盘上显示防区编号、发出报警声。

需要注意的是，紧急按钮、一些振动入侵探测器和周界报警系统为 24 小时布防状态，无须布防操作，只要触发就会立即报警。

2）撤防。关闭报警设备，使其恢复至准备状态。输入密码和按确认键，键盘发出提示音（数声），布防灯熄灭、准备灯亮起，说明撤防成功，该报警系统已恢复至准备状态。此时人员可以在防区探测器下走动，即便触发也不会报警。

3）旁路。将某一个或几个防区暂停，使其不进入待警状态。输入密码+旁路键+数字（代表需要暂停的防区），该防区对应的数字闪烁。此时再进行布防操作，该防区即使被触发也不会报警，其他防区正常使用。

4）解除警报/取消报警声音。此时为布防状态下的报警，输入密码+确认键，解除警报，防区指示灯熄灭。

5）联网报警处理。报警信号通过电话线（有线或无线）、网络将信号传输至区域联网（110）报警中心，报警中心平台能显示出相应的报警信息（如单位、地址、安保负责人、报警区域或位置），由专业的接警人员根据有关规则处理警情。

6）本地报警处理。报警信号只传输到防范区域内监控中心、门卫室、安保部门等，由内部人员进行警情处理。如需上报公安机关的，通过手机或联网设备再进行报警。

（2）视频监控系统

操作前先了解本单位（区域）的视频监控系统类型（模拟、同轴高清、数字网络）；了解前端摄像机的安装位置、监控区域（位置）、监控对象、监控信息等。

1）开机

①若前面板电源“开关键”指示灯不亮，则插上电源，打开电源开关，设备开始启动。

②若前面板电源“开关键”指示灯呈红色，则轻按前面板电源“开关键”，设备开始启动。

③设备启动后，电源“开关键”指示灯呈绿色，监视器或显示器屏幕上将会出现开机画面。

2）关机

①正常关机。进入设备关机界面（主菜单→设备关机），选择“设备关机”；选择“是”。

②非正常关机。通过后面板开关切断电源。设备运行时，应尽量避免直接通过后面板上的电源开关切断电源（特别是正在录像时）。

③直接拔掉电源线。设备运行时，应尽量避免直接拔掉电源线（特别是正在录像时）。

3）实时图像的调阅操作。目前，对实时视频图像信息的调阅和切换主要有以下几种形式：

①通过矩阵主机的操作键盘按每个摄像机的编号，进行视频、音频、图像信号的调阅切换。

②通过点击电脑上的菜单（多数是地址名），进行视频、音频、图像信号的

调阅切换。

③通过点击电子地图上对应部位摄像机的图标，进行视频、音频、图像信号的调阅切换。

④通过报警联动后，实现视频、音频、图像信号的自动调阅切换。

⑤监视屏是以多画面显示视频监控图像的，可用鼠标双击所需调阅通道的画面即可切换到单通道相应显示画面，再次双击可回到多画面。

近年来，结合安全技术防范的需要和视频监控技术的发展，图像的切换更符合实际需要，如点击一处图像后，附近的图像都能同时在其他显示设备上显示出来；为方便捕捉目标，图像按设定程序滚动显示或者以多画面显示形式，较好地解决了摄像机数量大于显示设备时调阅切换图像的需要。此外，还有以图像的拼接屏显示，使图像的画面增大，对目标辨别更加清楚等。

4）录像回放操作。为便于历史资料的检索，所有的图像记录的回放都以日志记录形成的文件名进行操作，操作时一般都要进行以下步骤：

①实现回放功能的操作。

②选择某个监控点，再输入需要检索的时间段（包括年、月、日、分、秒），获得时间段的对应历史视频文件。

③在播放视频图像时，可以控制图像播放的暂停、快进、快退、单帧进、单帧退、倍速播放等。

④播放视频图像时，可以根据需要，调节图像的亮度、色彩、对比度等参数。

5）图像检索操作。近年来，随着数字监控技术特别是数字录像设备的发展，为了提高对图像的检索效率，通过提升管理软件的功能，实现了许多新的、检索效率更高的图像检索形式，例如：

①同一个摄像机监视的目标，在多个显示屏上以不同时间段进行显示。

②在同一个时间段里，多个显示屏上分别同时显示多个摄像机的目标场景。

③输入所要追查目标的特征，如车辆的牌号、人的衣着颜色、人的行为特征等，显示器上就会显示符合该目标特征的所有图像，以供查看。

④可查阅报警器触发前 5 秒开始的历史图像。

6）画面的设定操作。点击鼠标右键，显示列表，选择需要进入的菜单，会显示对话框要求输入用户名、密码，输入正确后可进入菜单进行各类操作，如基本设置（设置字符、时间调整、画面亮度或对比度等调整）、网络设置（修改通道 IP 地址、联网 IP 地址、新增 IP 地址等）、录像回放等。

7）备份

①进入录像备份界面（主菜单→录像备份）。

②设置查询条件，选择“备份”，进入录像查询列表界面。

③选择需要备份的录像文件。

④若需要对即将备份的录像文件进行核实，选择“播放焦点”。

⑤确定录像文件后，选择“下一步”。

⑥选择“开始备份”。

⑦查看备份结果。

（3）出入口控制系统

通过识读装置读取出入人员的信息（卡片、人员特征等），由管理系统予以比对。比对核准后，管理系统发送信息至执行机构，执行机构进行动作，予以放行。出入口控制系统的操作主要在后端管理和控制部分，操作内容包括：

1）按操作员密码登录后，可添加授权人员的信息，并可设置授权的权限。

2）在系统的信息栏查询出入口的信息，包括出入口何时开启、由何人开启、持卡人的权限等。

3）刷卡事件的信息显示，包括授权卡、未授权卡、过期卡及无效卡等信息，并包含日期、时间、地点、事件类型等。

4）报警信息的显示，包含日期、时间、地点、报警类型等。

5）门长时间未关的蜂鸣音提示信息等。

（4）电子巡查系统

将巡查钮安放在所要巡逻的路线上，保安员在巡逻的过程中首先用随身携带的采集器（巡更棒）在安防值班室内读取自己的报名钮，然后按预定的巡逻线路在所安放的巡查钮上读取巡查点信息。在读取巡查点信息的过程中，如发现突发事件可随时多次读取事件点。采集器将巡查点信息的编号及读取时间保存为一条巡逻记录，定期用下载器（连接器）将采集器中的巡查记录上传到计算机中。管理人员通过打开计算机的巡查系统软件，将事先设定的巡逻计划同实际的巡逻记录进行比较，就可得出巡逻人员、巡逻部位、巡逻时间的统计报表。如果有未按规定时间和部位进行巡逻的，会有漏检、误检等显示，通过这些报表可以真实地反映巡逻工作的实际完成情况。

（5）停车场（库）管理系统

1）录入资料。可由主管级以上操作人员录入各种资料。例如：各车卡资料的录入，车位数量、免费时间、离场（库）时限的录入，锁定与解锁车卡、销卡等。

2）查询、更改资料。查询各种有关资料。例如：各车卡资料清单、被锁卡清单、操作人员密码清单、免费资料清单等，在场（库）时租卡清单、已付款未离场（库）时租卡清单、某卡号车当前或一段时间里的进出场（库）时间等。

3）资料打印。执行操作过程中，可即时打印出实施该项操作的操作人员代码以及操作内容。

时租卡读卡缴费时，打印机打印出该辆车入场日期、时间、序号，该辆车的缴费日期、缴费时间、缴费总额以及收银操作人员代码等。

4）打印报表。在执行指定打印功能时，打印出所需要的资料，如当前在车场（库）内的租卡资料、车场（库）运作情况记录、以往记录（车辆的进出日期、时间及缴费情况等），以及收费情况的日、月、年报表等。

5）停车收费管理。通过计算机设定的计费标准，自动计算出收费金额，如按时收费、按次收费、不收费以及依据车场（库）需要向某辆入场（库）车发放临时卡，执行临时卡管理。

6）图像捕捉对比。图像除能清晰显示车牌号外，还可进行人工伸缩、满屏放大等处理，遇到异常车辆，系统自动报警后，出入口车辆管理系统或操作人员应按有关规定进行管理处置。

7）系统发生故障，导致不能自动运行时，可改由人工进行操作，以保证车辆正常进出。

三、操作设备中异常情况的处置方法和要求

保安员必须对防护区内的地形、地物、人员的活动情况以及对安全技术防范系统反映的正常信息非常了解和熟悉，以便一旦发生异常情况，能及时发现并予以处置。

异常情况是指非正常的信息状态或警情状态。安全技术防范系统的异常情况主要出现在入侵报警系统和视频监控系统中。

1. 入侵报警系统异常情况的处置方法和要求

入侵报警系统的异常情况主要表现为系统无法布防，以及无法进入正常的待警状态。其异常情况的出现主要是由入侵探测器自身的缺陷所产生的误报引起的，致使在没有发生非法入侵行为的情形下，系统却一直处在报警状态，无法进入正常的设防待警状态。以下介绍几种常见的入侵探测装置在实际运行中出现的异常情况，以及如何加以处置和解决。

（1）主动式红外入侵探测器

主动式红外入侵探测器用于室外警戒时，特别是安装在住宅围墙、栅栏上端和外侧时，容易受其周边树木遮挡而产生误报警，所以需要对围墙周边的树木定期进行修剪。此外，一些主动式红外入侵探测器用于室外，容易受环境气候影响，如遇浓雾、雨雪、刮风天气时探测器作用距离会缩短而产生误报。当发生类似问题时，保安员要建议改用性能更先进的主动式红外入侵探测器，如加设具有自动增益控制功能以及具有防雨、防霜、防雾等功能。

（2）被动式红外入侵探测器

被动式红外入侵探测器容易受温度快速改变而产生误报警，特别是对发热体，如电加热器、火炉、暖气、空调器的出风口、白炽灯以及受到阳光直射的窗台等，这些物体由于热辐射或强光源会引起被动式红外入侵探测器的误报警。当发生此类问题时，保安员应将探测器的探测方向略做调整，不要将其对着发热体，当然这是在不影响探测器对目标进行有效探测的前提下进行的。此外，室内安装被动式红外入侵探测器的房内如有对外的窗户开着，这也有可能是造成其经常产生误报警的一个因素。一般单一技术的被动式红外入侵探测器误报率较高，因此最好选用双技术配置，如被动式红外与微波入侵探测器，甚至带有智能识别功能。

（3）磁开关入侵探测器

这类探测器一般被安装在门或窗户上，每个磁开关的结合体即干簧管和永磁铁分别被安装在门框（窗框）和门扇（窗扇）上，它们之间保持着一定的作用距离，当大于这个距离时，磁开关就会报警。磁开关入侵探测器产生误报警的情况有两种：一是磁开关探测器用久了，磁铁的磁性减弱，吸合的作用距离减小，导致原先关闭的门或窗，不应该报警的时候也会报警；二是门或窗的缝隙偏大，使原先安装在门或窗上的磁开关已处在临界的结合状态，当门体或窗户发生偏移、抖动（如刮风、振动）时，门窗结合处的缝隙就更大，这就会时不时地发生误报警。当发生上述情况时，建议更换磁开关探测器，且尽量选用比门窗缝隙大一些（约大50%距离）的磁开关探测器。

（4）脉冲电子围栏

脉冲电子围栏与主动式红外入侵探测器一样，也是安装在住宅围墙、栅栏上端和外侧，脉冲电子围栏虽然误报率比主动式红外入侵探测器要低，但也会因为围墙周边的树木与电子围栏的搭接或遇到异常天气的情况下，产生误报警。因此，保安员平时应经常或者定期观察脉冲电子围栏的缆线上有无树枝或其他物件挂接，一旦发现应及时将其设法去除。

（5）紧急报警

紧急报警按钮被按下后，由于没有及时复位，致使一直处于报警状态。遇到这种情况，应先在控制器上消音，然后到现场对紧急报警按钮进行复位操作，使原先被按下的按钮重新弹起。

2. 视频监控范围内异常情况的处置方法和要求

（1）异常情况

视频监控范围内的异常情况一般表现为在正常的监视区域、画面中出现非正常的行为，如聚众闹事、打架斗殴、异常奔跑、出现可疑人员、车辆违规停放以及出现的一些突发或紧急刑事和治安案件等。下面以某物业管理公司监控中心的保安员负责对大厦所有区域实施24小时视频监控为例，介绍需要注意观察的异常情况。

1）有无闲杂人员、可疑人员、推销人员、衣冠不整者、携带烟火或危险物品者进入大厦或在大厦范围内活动。

2）外围广场（可监视到的范围内）有无车辆乱停乱放，停车场出入口及广场各出入口有无车辆、物品堵塞现象。

3）停车场内车辆有无异常情况（如车辆被盗、遭破坏等），车场设施设备有无异常情况。

4）有无推销人员在楼层乱发传单、名片、报纸、杂志，以及乱拉业务等。

5）有无在禁烟区吸烟、携带烟火者。

6）大厦内特别是走廊内有无衣冠不整、形象及行为不雅观者（如光背、赤脚、坐地、坐消防箱、躺地等现象）。

7）有无乱按电梯按钮，损坏或不按规范使用电梯者。

8）有无物品或杂物堵塞、占用公共场所现象，有无大量人员阻塞通道或聚众闹事者。

9）有无大宗物品在搬离大厦时，出入口保安岗的值班员未发现或未出示放行条。

10）有无偷盗、损坏大厦公共设施、设备的行为，有无偷盗、损坏大厦内公司、私人财产者。

11）大厦内有无出现烟、火、雾及水浸等突发异常现象。

12）有无发生人员纠纷、打架斗殴，以及威胁他人人身、财产安全的情况。

13）有无火灾险情，以及刑事、治安案件发生。

14）有无其他突发或异常情况出现。

（2）处置方法和要求

能否及时发现异常情况，主要取决于监控中心的操作人员（保安员）对安保工作的经验积累和熟悉程度。为此，需要积累丰富的经验，正确辨别屏幕上显示的正常和异常情况。不同行业、不同场所的不法活动及其所带来的危害大体都有规律可循，但又都有各自的违法行为特点，只有掌握了这些规律和特点后，在实际工作中才能及时地发现和处置异常情况。

监控中心保安员在发现异常情况时，有时为了进一步确认情况的真实性，可采用图像放大、快速定位、实时跟踪等操作加以确认。发生异常情况后，单位内部已制定突发事件应急预案的，监控中心保安员必须正确按应急预案要求展开行动，如立即通知相关岗位的人员到现场进行调查和处置。相关岗位的人员到现场调查或处置后，应及时将处置结果反馈给监控中心保安员，必要时监控中心保安员应向上级领导报告。当发生异常情况的性质十分严重时，如发生刑事案件、治安案件以及危及人身、财产安全或社会公共秩序和安全的事件时，应立即向公安机关报警。

对异常视频、图像资料的保存十分重要，是每个监控中心保安员必须学会和掌握的操作技能。由于录像设备本身对视频、图像保存时间有限，如果不把异常情况的视频、图像或需要的视频、图像另存到其他设备上，录像设备会覆盖和删除这些视频、图像，一旦需要时就有可能找不到。所以异常情况发生后，监控中心保安员必须将这些视频、图像另存到其他的计算机或光盘、移动硬盘上，及时做好异常视频、图像的迁移保存工作。

（3）通过智能视频监控技术辨别异常情况

目前，智能视频监控异常检测技术有效地解决了大量摄像头的实时监看、管理的难题，降低了监控操作人员的劳动强度。据统计，依靠人来进行识别，仅仅20分钟后，人对视频监视器的注意力就会下降30%，1小时后将会下降70%。而采用智能视频监控技术能提高发现和处置异常情况的能力，通过被动监控到主动监控模式的改变，实现了从事后追踪到实时预警的转变。目前，智能视频监控技术已能够具备以下几种异常情况的检测功能：

1）突然入侵检测。突然入侵是指有活动的人（物体）突然入侵到某个区域或超过某个边界。入侵检测有时也被称为“越界检测”“跨越报警”等。

2）移动物体检测。移动物体是指在某区域内发生位移的物体，通常是指一定时间内物体完全因为外来因素使其产生不正常移动。

3）游荡物体检测。游荡物体检测是指有活动物体在某个特定区域范围内不断移动、徘徊超过预定时间的检测，有时也被称为“徘徊检测”。

4）异常静止物体检测。异常静止物体是指本来处于移动状态的目标突然停下来，并处于静止状态超过预设时间的行为，该异常情况用在交通上可以称为“违章/故障停车”等。

5）遗留物体检测。这种异常其实是静止物体检测在公安系统的应用，主要是用来发现被遗弃在公共场所的可疑物品，是反恐技术上的典型应用。

6）运动方向的异常检测。物体运动方向的异常是指发生了违反规则或特定方向或角度的运动，如逆向行车、机动车进入非机动车道等。

7）运动路径的异常检测。运动路径的异常是指运动物体没有沿着预定的路径或朝着预定的方向运动，如运钞车没有按规定路线的方向行驶。

8）物体消失检测。物体消失是指原本处于静止状态的物体突然离开原来的位置，如“拿走物体”“物体开始移动或启动”“盗窃物品”等。

9）人群密度的异常检测。对特定区域内的人群（有时也可针对车辆）的密度超过一定程度，检测时并非定量计数，而只是获得一个拥挤的估计值，以便从宏观上对拥挤行为进行异常情况的检测。

10）外观线索检测。通过智能分析和图像处理能准确识别人脸、衣服颜色、行动姿态的特征，在茫茫人海中搜索和跟踪犯罪嫌疑人，同样也可用于寻找走失的老人或儿童等。

11）烟火异常检测。烟火异常是指非正常出现有浓烟、火焰等，或者超过一定程度的烟味、火光等。

在实施智能视频监控技术的系统中，一旦出现以上异常情况，该异常情况的图像一般都会立刻自动切换到主监视屏上，并同时伴有声光报警和字符提示。此时，需要监控人员立即认真地查看画面中出现的异常情况，如果一时看不清，有条件的还可以通过云台变焦摄像机对其图像进行手动放大和跟踪。经过核实、确认情况后，对其做出正确的判断和处置。

第二节　报警研判

一、安全技术防范系统报警信息基本类型和特征

1. 安全技术防范系统报警信息的基本类型

安全技术防范系统报警信息的类型较多，概括起来主要有人为报警、入侵报警、消防报警、视频报警、设备运行报警、防破坏报警和操作管理性报警。

（1）人为报警

人为报警装置是利用人工启动发出报警信号的设备，该报警设备的操作主要有手动报警、脚踏报警、胁迫报警和声纹报警等。其中，手动报警是用手按动紧急报警按钮触发报警信号；脚踏报警是通过脚踏报警装置触发报警信号；胁迫报警是指在人为撤防的情况下同时将报警信号发出去；声纹报警是现代人为报警的先进技术，是指通过预先录制好的特定语言作为报警触发信号。人为报警的技术特点是误报少，且不需要对其进行布、撤防操作。其适用于有人值守，但可能遭遇直接威胁人员生命、财产安全的场所，如银行柜台、医院门急诊挂号处、24 小时便利店、加油站等一些现金收费场所和窗口，以及一些有人值守的重要的单位或部门。

（2）入侵报警

有入侵行为时，通过入侵探测器感应后，所产生的报警信息均为入侵报警。入侵报警信息可以分为点、线、面、空间多种类型的报警信息，例如：由磁开关入侵探测器触发的报警信息为点控制型报警信息，一般表示所设防的门或窗被打开；由主动式红外入侵探测器触发的报警信息为线控制型报警信息，一般

表示有人越过所设防的边界线；由振动入侵探测器触发的报警信息为面控制型报警信息，一般表示受振动入侵探测器防护的表面遭到破坏或撞击；被动式红外或被动式红外与微波入侵双技术探测器、声波入侵探测器等触发的报警信息为空间控制型报警信息，一般表示探测器所设防的空间有人非法入侵。

（3）消防报警

消防报警又称火灾自动报警，它是由触发装置、火灾报警装置、火灾警报装置以及其他辅助功能装置组成的，它具有能在火灾初期将燃烧产生的烟雾、热量、火焰等产物通过火灾探测器变成电信号传输到火灾报警控制器，并同时显示出火灾发生的部位、时间等。

（4）视频报警

通过视频图像处理、分析与统计，对可疑行为及不安全因素发出报警警告，联动相应的显示设备进行显示，及时提示管理者进行防范、处置，将不安全事件消灭在萌芽状态。例如，越界检测、徘徊检测、遗留物体检测、运动方向的异常检测、物体消失检测、视频遮挡报警、人群密度的异常检测等的视频报警。

（5）设备运行报警

为能及时反映设备自身的运行状态，许多设备都配有在设备运行中发生故障或者运行参数超过设定值时的报警功能，如设备故障报警、无线探测器的欠压报警、网络运行故障报警、电源的超负荷报警等。其中，设备故障报警应包括设备的软件运行故障和硬件运行故障报警。近年来，随着科学技术的快速发展，物联网和 BA 系统（楼宇自控系统）技术已开始被逐步应用，凡是设备的运行参数超限，以及出现违规、违法现象都能形成报警信号。

（6）防破坏报警

一些设备遭到人为破坏时产生的报警，如入侵探测器和报警控制器的防拆报警，入侵探测器与报警控制器的连线遭人剪断或者短接时的防破坏报警，以及当使用未授权的钥匙强行通过出入口和强行拆除现场识读装置时的门禁系统的报警等。

（7）操作管理性报警

操作管理性报警是指系统或设备在使用中未按规定程序和要求操作时产生的报警。例如：一些设有操作权限的设备，在未授权人操作时会发出报警信号；当未经正常操作而使出入口开启时的门禁系统有声光报警信息；当布、撤防的操作键盘置于探测器的探测区域内时，进出人员超出退出进入延时时间时产生的报警；保安员在进行电子巡查时出现的漏检，以及在使用在线式电子巡查时出现未按规定路线和规定时间巡查的报警提示等。

2. 入侵报警信息的基本类型

安全技术防范系统报警信息的类型较多，而入侵报警系统的触发报警信息是所有报警信息中最主要和最重要的部分。如果要从所有子系统的安防优先级来排序或者区分，除消防报警外，入侵报警系统在各安防子系统中的优先级应该是最高的，因为只有入侵报警系统是专用于安全技术防范的，其他子系统还可以用于其他用途。然而入侵报警信息的基本类型与其所在的防区有关，一方面，需要保安员在实际工作中根据不同类型的探测器正确设置不同的防区；另一方面，通过获得不同的报警防区，了解和掌握入侵报警信息的性质、部位和紧急程度。以下就各种报警防区所对应的入侵报警信息进行分类。

（1）按防区报警是否设有延时时间来分

按防区报警是否设有延时时间，入侵报警信息主要分为瞬时报警和延时报警两大类。

1）瞬时报警。在该防区的探测器已被布防的情况下，探测器无论何时被触发都会立即报警，没有设定任何延时时间。

2）延时报警。在该防区的探测器已被布防的情况下，只要在设定的延时时间内探测器被触发，该防区不报警，但超过此延时时间，一旦被触发则报警。

（2）按探测器安装的不同位置和防范功能不同来分

按探测器安装的不同位置和防范功能不同，防区的报警一般又可分为出入防区报警、周边防区报警、内部防区报警、日夜防区报警、24 小时防区报警等类型。

1）出入防区报警。设置在该防区的探测器用来监控防区的主要出入口处（如在大门、正门上可安装磁开关入侵探测器），当系统设防后，该防区首先按退出延时（或外出延时）工作（因户主外出时要先设防后出门）。在此延时时间内，探测器会被触发（因人在出门时要打开门），但不会使报警控制器产生报警。若超过此延时时间，探测器一旦被触发就会产生报警，也就是说，该防区在外出延时结束后才开始真正进入布防状态。如果探测器第二次被触发（如户主外出归来时要打开门），延时防区将按进入延时工作（因人进门后要先撤防，然后才能在防区内正常活动）。如果在此延时时间内该防区未被撤防，则延时时间结束后产生报警。换句话说，必须在进入延时结束前对系统撤防，否则就会发出报警。总之，布防后，设置在该防区的探测器第一次被触发按退出延时工作，第二次被触发按进入延时工作。至于退出延时和进入延时的延时时间可由编程来设定。

2）周边防区报警。设置在该防区的探测器用来保护主要防护对象或区域的周边场所（如外部的窗、阳台、围墙、围栏等），可视为防区的第一道防线，多采用磁开关入侵探测器、振动入侵探测器、玻璃破碎探测器、微波墙式探测器、主动式红外探测器及电子围栏等。在系统布防后，只要这些部位遭到破坏，就会立即发出报警，没有延时。

3）内部防区报警。设置在该防区的探测器主要用来对室内平面或空间的防范，多采用被动式红外探测器、被动式红外与微波双技术探测器等。

内部防区的设定又可分为两种情况，一种是跟随内部防区，另一种是延时内部防区。

①跟随内部防区报警。设置在该防区的探测器用来监控防范区域的内部（如室内的空间），特别是要考虑到当出入防区首先会被触发，而又需要进入延时的地方，多设在客厅、休息室、营业大厅或过厅、卧室内（如可在厅内安装移动探测器），因为这些地方都是户主经过出入防区后，要用键盘对系统撤防的必经之处。如果出入防区首先被触发（因人员外出归来要先开门），该防区的延时时间与出入防区一致。如果出入防区未首先被触发，而是跟随内部防区首先被触发，该防区将成为瞬时防区，被触发后会立即报警。这样可以防止不法分子潜伏作案。例如，在系统布防前，厅内藏有不法分子，或户主离开后不法分子通过其他未设防的区域到达厅内作案，这时即可触发报警。该防区外出布防后有效，留守布防无效，因此使用该防区的前提是必须要有出入防区，否则应采用下述的具有延时的内部防区类型。

②延时内部防区报警。设置在该防区的探测器主要提供对室内空间的保护。它的安装位置与前述的跟随内部防区相似，只是它的报警与出入防区是否被触发不发生任何联系。也就是说，不论出入防区是否首先被触发，该防区探测器被触发时都提供进入或退出延时，延时时间满后才可发出报警。换句话说，当对系统设防后，该防区首先按退出延时工作。延时时间内，该防区的探测器会

被触发（如户主设防后需经过此厅再开门走出），但只要在此延时时间内就不会产生报警，超过延时时间即报警。若探测器第二次被触发，延时防区将按进入延时工作（如户主外出归来开门后经过此厅去撤防），若延时时间内该防区未被撤防，则时间满后产生报警。同样，该防区外出布防后有效，留守布防无效，防区的延时时间可由编程来设定。

4）日夜防区报警。设置在该防区的探测器虽然24小时都处于警戒状态，但白天和夜晚分别处于不同的工作状态。白天系统撤防时，该防区的探测器若受到触发，键盘上会发出报警提示，以引起用户的注意；夜晚系统布防时，该防区的探测器若受到触发，会对外发出报警。例如，用该防区的探测器来保护商店的橱窗、商品库、药品仓库的大门，或是其他随时需要密切注意的出入口或区域，如后门、私人办公室等处，用户在任何时候都不希望这些地方有外人随意出入，即使是在系统撤防时也是如此。

一般在白天，整个报警系统是处于撤防状态下（如白天商场营业期间），但日夜防区的探测器如用来保护橱窗仍处于警戒状态，一旦被触发仍然会有反应。此时键盘蜂鸣器发出声音，并显示防区号，以向值班人员提示，但不产生报警，通过操作键盘可关闭提示音。而在夜晚，整个报警系统是处于设防状态下，该防区将成为瞬时防区，即一经触发，立即报警，没有延时。

实际上，日夜防区报警也可分为日夜瞬时防区报警和日夜延时防区报警两大类。这两大类防区系统工作状态的相同点是：在系统撤防期间接于该类防区的探测器均会被触发，此时键盘蜂鸣器会发出声音提示，也可同时设定为带有警铃声或不带有警铃声，但不对外报警。其不同点是：当系统设防后，日夜防区将分为瞬时防区和延时防区，这一区别可由编程来加以确定。例如，在对C&K 238C报警控制主机的编程中，在防区的布防类型一项上就有9种选择，除有内部防区、瞬时防区、延时防区、长延时防区（进入延时时间为设定时间的两倍）、24小时报警防区外，还有日间瞬时防区、日间延时防区、日间瞬时防区（带警铃）、日间延时防区（不带警铃）这几种防区的布防类型。

5）24小时防区报警。设置在该防区的探测器24小时都处于警戒状态，不会受到布、撤防操作的影响，一旦触发，立即报警，没有延时。

除由人工启动触发的紧急报警是属于24小时防区报警外，还有像使用振动探测器、玻璃破碎探测器和微动开关等来对某些贵重物品、保险柜、展示柜等防止被窃、被撬的保护；在工厂车间里对某些设备的监控保护，如利用温度或压力传感器来防止设备过热、过压等的保护；用于突发事件、紧急救护的按钮等。

通常，24 小时防区报警又可设定为以下 3 种类型：

①24 小时无声报警防区。设置在该防区的探测器一般采用紧急按钮、脚动开关等，多应用于银行收银台、珠宝柜台、办公桌等处。一旦出现险情即按下按钮，可将警报送往本单位的保卫部门或上一级接警中心（发出编程通信报告）。但在用户的报警控制器的键盘上却没有任何反应，既无灯光显示，又无警报声响。利用这种比较隐蔽的报警，有利于迅速接警处置，并保护用户的人身安全。

②24 小时有声报警防区。设置在该防区的探测器一般也采用紧急按钮（如床边的紧急报警按钮），一旦出现险情，不但可将警报送往上一级接警中心（发出编程通信报告），同时在用户的报警控制器的键盘上既有灯光显示，又有报警的声响，并引发外接响应报警声。这样可以威慑不法分子，既保护了用户的安全，又有利于迅速接警处置。

③24 小时辅助防区报警。设置在该防区的探测器一般用于突发事件的紧急按钮，或用于设备保护的压力、温度、水压、气压等传感器，当出现异常情况时，一方面可向接警中心报警（发出编程通信报告），同时在用户的报警控制器的键盘上，可有声响报警和灯光的显示，但外接警报不发声。例如，医疗急救报警按钮便可设置在这种报警类型的防区上。

3. 入侵报警信息的特征

安全技术防范系统报警信息的特征，主要取决于发出的报警信息的入侵探测器的特点，因为各种入侵探测器适用的场所和各自采用的技术特点不同，决定了其报警信息特征也不一样。以下介绍一些常见的入侵探测器的特点，以便能更全面地了解和掌握由这些入侵探测器所产生的各种报警信息（包括各种误报信息）的特征，从而能正确地识别入侵行为和各类报警信息的特征。

（1）主动式红外入侵探测器

1）适用场所。一般用于室外实体周边围墙顶端、围墙出入口上方的警戒和建筑物外墙面窗户的警戒。

2）主要特点

①警戒线具有直线性。

②警戒线为非可见光，隐蔽性好。

③警戒线或警戒网组合灵活方便。

④室外应用时，可靠性受环境气候（如雾、雨、雪、霜、风等）、环境飘浮物（如落叶、塑料袋、沙尘等）、动物（如飞鸟、猫等）影响较大，从而导致误报警的情况较多。

（2）被动式红外入侵探测器

1）适用场所。常用于室内防护目标的空间区域警戒。

2）主要特点

①功耗低、隐蔽性好（被动式）。

②同一室内可以安装多台，探测区域任意交叉且互不干扰。

③灵敏度随室温升高而下降，探测范围也随之减小。

④探测区内有热变化或热气流流过时易造成误报警。

⑤红外线穿透性差，遇遮挡会造成盲区。

（3）被动式红外与微波双技术入侵探测器

1）适用场所。常用于室内防护目标的空间区域警戒。

2）主要特点

①误报警较少。

②安装使用方便（环境对其影响不大）。

③灵敏度不如单技术探测器。

④功耗较大。

（4）电动式振动入侵探测器

1）适用场所。常用于室内外周边警戒及防凿、砸金库或保险柜等。

2）主要特点

①面控制型。

②在实体屏障突破之前即可发出报警。

③用于室外周边警戒时设置的形状不限，隐蔽性好。

④安装在一些容易振动的载体上，会产生误报警。

（5）泄漏电缆入侵探测器

1）适用场所。用于野外地形较为复杂的地方（如高低不平的山区），可按使用场所边界的轮廓敷设，对防区内的绿化不需去除。

2）主要特点

①隐蔽性好，可形成一堵看不见的但有一定厚度和高度的电磁“墙”。

②电磁场探测区不受热、声、振动、气流等干扰影响，且受气候变化（如雾、雨、雪、风、温度、湿度）影响小。

③电磁场探测区不受地形复杂、地面不平等因素的限制。

④无探测盲区。

⑤有较大体积的动物（如狗、猫等）走过时会产生误报警。

（6）脉冲电子围栏

1）适用场所。有实体围墙的上方，作为重点防护区域的周边警戒。

2）主要特点

①对于试图翻越围墙者，具有物理阻挡作用。

②对于试图翻越围墙者，具有高压威慑作用。

③系统前端围栏具有开路报警和短路报警功能。

④雨天或当有树枝等物挂接在相邻的两根围栏上时，容易产生误报警。

（7）张力式电子围栏

1）适用场所。幼儿园、中小学及不允许安装脉冲电子围栏的场所（如油库、天然气集中存放场所等）的围墙上方。

2）主要特点

①对于试图翻越围墙者，具有物理阻挡作用。

②具有受到外力作用被拉紧时发出报警信号，以及受到外力作用被松弛或被剪断时发出报警信号的功能。

③在有强台风时，容易产生误报警。

（8）磁开关入侵探测器

1）适用场所。主要用于门、窗、抽屉等点控制型的警戒。

2）主要特点

①体积小、耗电少。

②使用方便、价格便宜。

③动作灵敏（接点释放与吸合时间约在1毫秒左右），抗腐蚀性能好。

④当门、窗、抽屉的缝隙超过规定值时容易产生误报警。

（9）紧急报警装置

1）适用场所。用于有人值守，但可能遭遇直接威胁生命、财产安全的场所（如银行营业所、值班室、收银台等）。

2）主要特点

①利用人工启动开关（如手动报警开关、脚动报警开关等）发出报警信号。

②误报警率低。

③24 小时设防。

二、报警信息研判基本方法和要求

报警信息的研判主要是对报警控制器（报警主机）上的入侵报警信息进行识别，通过报警控制器上发出的报警信息，判断报警的类别、性质和发生的部位、日期、时间等信息。当报警控制器上发出不同的信息时，相关人员应做出相应的反应。

1. 入侵报警信息的性质

报警信息有瞬时报警、延时报警、防拆报警、防破坏报警、紧急报警等，接警人员应严格区分不同报警信息的性质，其中紧急报警一般都是人为报警，误报的概率较小；防拆报警、防破坏报警往往表示报警设施可能遭到人为破坏；瞬时报警、延时报警表示有人入侵。

2. 报警指示和故障指示

（1）报警指示

报警指示可分为可见指示和可听指示。

报警控制器上的可见报警信息能指示入侵发生的部位，并保持至手动复位才能消失，当有多个入侵探测回路同时报警时，会发出多个报警指示。所以一旦接到可见报警信息后，要仔细看清楚有哪几个部位发生报警，待确认后再采取行动。

报警控制器上的可听报警指示允许自动复位，持续时间固定或可调。可听报警指示持续期间，若再有入侵报警信号输入，会重新发出可听报警指示。所以一旦收到可听报警信息后，要仔细听清楚有哪几个部位发生报警，待确认后再采取行动。

（2）故障指示

在撤防时，报警控制器上能指示曾经发生过的故障或给出指示。所以，要查询设备有无故障时，一定要在撤防时进行相关查询。

报警控制器上的故障指示能区分故障种类，并在故障持续时期内保持。所以在设备发生故障时，需要分清楚是哪类故障，以便采取相应的措施。

3. 事件记录

一般报警控制器上都能够记录以下事件：

（1）设置的布、撤防事件。

（2）报警事件。

（3）被拆、被破坏事件。

（4）复位事件。

（5）旁路、暂时旁路事件。

（6）更改有效用户密码事件。

（7）传输故障事件。

（8）校时事件。

（9）修改软件（包括特定位置数据）事件。

（10）主电源掉电事件。

（11）备用电源欠压事件。

以上所有记录应包括所发生事件的部位或防区，以及所发生事件的时间，并且时间误差不大于 15 分钟。所有记录不能改变内容，设置的参数和事件记录最少 30 天不丢失。

有了这些事件的记录和显示后，相关人员可以全面地掌握和了解信息，并做出相应的反应和采取应对措施。例如，通过查看设置的布、撤防事件，复位事件，旁路、暂时旁路事件，更改有效用户密码事件，校时事件，修改软件（包括特定位置数据）事件等，可以了解自己的操作是否准确无误；通过查看报警事件，被拆、被破坏事件等，能及时发现隐情，以便采取相应行动；通过查看传输故障事件、主电源掉电事件、备用电源欠压事件等，了解设备的运行情况和发生故障的部位。

三、报警信息复核方法和规范

1. 复核方法

目前，安全技术防范系统发生报警后，报警信息复核的方法主要有两种：一是保安员到报警现场进行情况核实；二是通过在报警现场安装的摄像机和

（或）拾音器进行图像和（或）声音的复核。一旦发生报警，保安员应根据报警设备显示终端所提供的报警信息及时按上述方法进行复核。复核报警信息的目的是：如果发生了有人非法入侵，则应及时按有关规定组织人员力量予以处置，包括尽快向上一级领导报告警情；如果是误报警，则应查明原因，消除误报警隐患，以免再次误报警。

通过在报警现场安装摄像机和（或）拾音器进行图像和（或）声音的复核，是当前在发生报警时辨别报警区域内是否确实有人非法入侵的一种最快、最有效的复核方法。报警信息存在误报率，是目前报警装置存在的最大问题，但又是不可避免的，甚至有的报警装置的误报率还比较高，除了需要通过人员自身启动的报警装置以外，其他报警装置或多或少都会有产生误报警的可能。所以，鉴别报警设备所发出的报警信息是否准确，就需要通过对报警探测区域内的监控图像和（或）监听装置进行复核，尤其是通过图像复核效果更佳。为了提高报警后进行监控图像和（或）声音复核的效率，系统一般都实现了报警与监控图像和（或）声音的联动，即一旦某入侵探测区域内发出报警信息，该区域内的图像和（或）声音会自动切换到显示屏上，并在该显示屏上有报警字符的提示标志。

2. 复核规范

凡安装报警装置的单位都应制定相应的报警信息复核规范，或者是接收和处置报警信息规范。规范应明确：如何准确判断报警信息，包括报警的部位、报警的性质、报警装置的种类等；采取哪种方案进行处置，包括处置的方法、手段、过程、时间等要求；每次发生报警后都要留下如何复核报警信息或处置报警信息过程的记录。

报警信息复核规范目前还没有统一的具体要求和做法，每个单位应根据自己现有的客观条件，如地域大小、建筑物特点、安全技术防范系统的配置、人员力量的配备、管理模式等情况，制定相应的切实可行的和高效的报警信息复核规范。

第四章　保安应用写作

保安员在工作过程中经常需要写作和使用各种文字材料，包括保安工作记录和其他常用文书等。这些具有特定效力与规范体例的文字材料，是开展保安工作的重要工具。每位保安员都应当掌握必要的应用写作知识与方法，能够正确、熟练地填写工作记录和撰写常用文书，从而更好地适应保安工作需要。

第一节　填写保安工作记录

一、保安工作记录的种类

保安工作记录是指保安员在执行保安任务的过程中，对上级的指示、通知、交办事项和工作期间发生、处理的问题等情况的记载。它既是保安工作具体情况的原始记录和直接反映，也是检查与考核保安员思想态度、处置能力、业务水平、工作成效的重要依据。

根据记载形式的差别，保安工作记录可以分为纸质工作记录和电子工作记录。纸质工作记录是指以传统形式使用纸、笔写作而成的书面记录，电子工作记录是指运用现代信息管理技术制发的用以替代传统纸质记录的数字化形式的工作记录电子数据。

按照记录内容的不同，保安员常用的工作记录主要包括值勤记录、巡逻记录、检查记录、守护记录、押运记录、事件现场保护记录、会议记录、电话记录等。

1. 值勤记录

（1）适用范围

值勤记录适用于记载保安员在值勤期间开展各项工作的具体情况，如表 4-1 所示。

表 4-1　　值勤记录

<table>
<tr><td>日期</td><td colspan="3">20××年××月××日（星期×）</td><td>天气状况</td><td colspan="4">晴　多云　阴√　雨　雪</td></tr>
<tr><td rowspan="4">值勤人员</td><td>早班</td><td>×××、×××</td><td rowspan="4">带班人</td><td>×××</td><td rowspan="4">到岗时间</td><td>××时××分</td><td rowspan="4">离岗时间</td><td>××时××分</td></tr>
<tr><td>中班</td><td>×××、×××</td><td>×××</td><td>××时××分</td><td>××时××分</td></tr>
<tr><td>晚班</td><td>×××、×××</td><td>×××</td><td>××时××分</td><td>××时××分</td></tr>
<tr><td>夜班</td><td>×××、×××</td><td>×××</td><td>××时××分</td><td>××时××分</td></tr>
<tr><td>交接情况</td><td colspan="8">收到移交的对讲机 3 台，其中 10#对讲机天线已弯。上一班移交 2019 室、1919 室漏水情况（正在抢修）。</td></tr>
<tr><td>值勤工作情况</td><td colspan="8">7：10　参加安全事故分析培训。
7：30　按时接班并清点物品后开始巡逻主楼。
9：30　查看监控视频，有外卖人员进入主楼，通知门卫岗进行登记。
11：00　押运。
11：30　查看监控视频，有大货车靠近裙楼，通知队友指引停放。
12：30　巡逻裙房。一切正常。
13：00　巡逻主楼。2019 室、1919 室漏水问题已解决，报监控室。
15：30　巡逻裙房。204 室有物品需搬离公司，物业部×××经理已同意，通知门卫岗进行登记。
15：45　主管检查。
18：30　巡逻主楼。一切正常。
19：30　办交班。移交对讲机 3 台，其中 10#对讲机天线已弯。下班。</td></tr>
<tr><td>检查工作中发现的问题以及采取的措施</td><td colspan="8">7：45　巡逻至主楼 20 层，工程部人员仍在检修 2019 室漏水问题。
7：56　巡逻至主楼 19 层，发现 1919 室门前天花板有滴水，已告知工程部需进行检修。
9：18　发现一醉酒客人在裙房一层酒吧闹事，到现场处理。醉酒客人××××，男性，日本籍，住主楼 1018 室。</td></tr>
<tr><td>队长意见</td><td colspan="3">已阅。
×××，20××年××月××日</td><td>备注</td><td colspan="4"></td></tr>
</table>

（2）填写方法

1）标题。值勤记录的标题一般已经套印或设定好，有的只有文种名称，有的则需要在文种名称之前添加填写单位、部门或岗位名称。

2）正文。值勤记录的正文通常采用表格形式，可以根据栏目顺序逐一填写。

①开头部分。记载值勤日期、起止时间、天气状况、值勤地点、参加值勤的保安员姓名等基本情况。

②主体部分。按照时间顺序（采用 24 小时制）记清保安员在值勤期间依次开展的各项具体工作，包括发现的情况、问题，以及汇报、反馈、处置等过程与做法。

③结尾部分。写明“交班”或“下班”，如有工作事项尚未处理完毕，并且需要下一班保安员继续处理的可适当备注说明，最后由参加值勤的保安员和保安队长签名并注明日期。

（3）值勤记录与巡逻记录、检查记录、守护记录、押运记录、事件现场保护记录的差异

值勤记录适用于一般的保安工作任务，巡逻记录、检查记录、守护记录、押运记录、事件现场保护记录则是针对巡逻、检查、守护、押运、事件现场保护等特定的保安工作任务而写的。巡逻记录、检查记录、守护记录、押运记录、事件现场保护记录的填写方法与值勤记录大体相同，但又各有侧重。

1）巡逻记录。要注意填写清楚巡逻的起止时间、起止路线、巡查项目，巡逻中发现沿线区域的治安情况、安全防范情况，以及进行相应处理、提供服务等内容，如表 4-2 所示。

表 4-2　　巡逻记录

日期：20××年××月××日

巡逻人	巡逻时间	巡逻路线	巡查项目	巡查情况	处理结果	备注
××× ××× ×××	12：30 …… 15：00	内场 外场 后服务区	园区安全秩序	1. E 区后服务区二楼灯未关闭 2. 三号门有广告公司更换广告牌	1. 已关闭 2. 已通知队员跟进	—
××× ××× ×××	15：00 …… 17：00	内场 外场 后服务区	园区安全秩序	1. “阿迪达斯”经销商进货 2. “李宁”经销商进货	1. 已放行 2. 已放行	—
……	……	……	……	……	……	……
……	……	……	……	……	……	……

2）检查记录。要注意填写清楚检查的起止时间、起止路线、检查项目，检查中发现沿线区域的相关设备运行情况、人员在岗情况、危险品或违禁品查验

情况，以及进行相应处理、提供服务等内容。表4–3所示为装修检查记录。

表4–3　　装修检查记录

<table>
<tr><td>日期</td><td colspan="3">20××年××月××日</td><td>时间</td><td>08：45至09：20</td><td>检查人</td><td>×××</td></tr>
<tr><td>楼层</td><td>门牌号</td><td colspan="2">证件与设备</td><td colspan="4">检查情况及处理结果</td></tr>
<tr><td rowspan="8">1号楼
8层</td><td rowspan="8">809</td><td rowspan="2">施工许可证</td><td>有　√</td><td colspan="4" rowspan="8">1. 重新装修，物业部已审核批准
2. 未发现动火，已配置2支灭火器</td></tr>
<tr><td>无</td></tr>
<tr><td rowspan="2">人员出入证</td><td>有　√</td></tr>
<tr><td>无</td></tr>
<tr><td rowspan="2">动火证</td><td>有</td></tr>
<tr><td>无　√</td></tr>
<tr><td rowspan="2">灭火器</td><td>有　√</td></tr>
<tr><td>无</td></tr>
<tr><td>……</td><td>……</td><td>……</td><td>……</td><td colspan="4">……</td></tr>
<tr><td>……</td><td>……</td><td>……</td><td>……</td><td colspan="4">……</td></tr>
</table>

如果有领导参加检查，则要注意记清检查人的职务和被检查的工作种类、岗位地点、人员姓名，以及检查的方式方法、结果评价等。

3）守护记录。要注意填写清楚守护的起止时间和起止路线，守护物资的名称、数量、体积及其交接情况，相关人员的基本情况等内容。

4）押运记录。要注意填写清楚押运的起止时间和起止路线，押运货物的名称、数量、体积，货主的名称，货主一方随行人员的姓名和职务，是否顺利完成货物交接，有无发生不安全情况等内容。

5）事件现场保护记录

①开头部分。记载发现事件现场的时间、方式和经过，发现事件现场人员的姓名、工作单位、家庭住址、联系电话，涉及案件的性质，保护现场人员的姓名，保护现场的起止时间和天气状况等基本情况。

②主体部分。记清事件现场的具体位置、保安员到达现场时所发现的状况、救助相关人员或排除特定险情时所实施的做法、保护现场时所采取的措施、现场受破坏或发生变动的情况与原因、保安员在现场对见证人或知情人所做的工作、对作案嫌疑人所采取的措施等。

③结尾部分。写明公安机关工作人员达到现场的时间、双方交接的情况、

保安员继续协助开展工作的情况、保安员撤离现场的时间等，最后由参加现场保护的保安员和记录人签名并注明日期。

2. 会议记录

（1）适用范围

会议记录适用于记载保安员参加各类工作会议的具体情况，如表 4–4 所示。

表 4–4　会议记录

<table>
<tr><td>时间</td><td colspan="3">20××年××月××日××时××分至××时××分</td></tr>
<tr><td>地点</td><td colspan="3">二楼会议室</td></tr>
<tr><td>出席人员</td><td colspan="3">×××（队长），×××，×××，×××，×××，×××，×××，×××</td></tr>
<tr><td>缺席人员</td><td colspan="3">×××（外出培训）</td></tr>
<tr><td>主持人</td><td>×××（队长）</td><td>记录人</td><td>×××</td></tr>
<tr><td>议题</td><td colspan="3">1. 总结分析本周工作情况并布置下周工作任务
2. 组织学习《关于加强实名制管理的规定》
3. 组织学习干粉灭火器的用途及使用方法</td></tr>
<tr><td colspan="4">会议内容：
一、总结分析本周工作情况并布置下周工作任务
（一）本周工作总结：本周全体队员立足岗位、踏实工作，认真做好来访客户登记、车辆进出指挥、“四防”（防火、防盗、防破坏、防治安灾害事故）安全检查、夜间巡逻、信件收发等各项服务工作，并积极参与……
（二）下周工作任务：下周全队将继续抓紧落实岗位责任，进一步认真开展“四防”安全检查……
二、组织学习《关于加强实名制管理的规定》
公司近日下发文件，要求切实加强……
三、组织学习干粉灭火器的用途及使用方法
……
会议结束。</td></tr>
</table>

（2）填写方法

1）标题。会议记录的标题除了包含单位或部门名称、文种名称之外，还经常需要填写会议名称。

2）正文

①开头部分。简要记录会议的组织情况，包括会议时间、会议地点、出席人员、缺席人员、主持人、记录人等，如有必要需将会议的起止时间都记清楚，相关人员有职务的需要注明，缺席人员需同时注明缺席原因。

②主体部分。详细记载会议进展情况，通常按照会议进程依次记下会议的

主要议题、与会人员发言的要点及会议的决议事项等，一般使用摘要的方式进行记录，比较重要的会议则可以使用详录的方式进行。

③结尾部分。写明“散会”或“会议结束”，再由会议主持人、记录人分别签名，如有必要则让与会人员逐一签名。

3. 电话记录

（1）适用范围

电话记录适用于记载保安员接听、传达各类工作电话的具体情况，如表 4-5 所示。

表 4-5 电话记录

来电时间	20××年××月××日××时××分		来电号码	××××××××	记录人	×××
来电单位	×××总公司×××部				来电人	×××
来电内容	通知我公司派人员参加20××年××月××日××时在××路××号×××总公司八楼会议室召开的推进×××工作专题会议。					
相关要求	由×××工作主要负责人参加，并做好汇报准备。					
处理方法	报×××确定参会人选并做好参会准备。					
领导意见	×××参加，提前准备好相关材料。 ×××，20××年××月××日	备注	—			

（2）填写方法

1）开头部分。记载来电时间、来电号码、记录人姓名以及来电单位名称、来电人姓名等。

2）主体部分。记清来电的基本内容和相关要求，包括布置的工作任务、商谈的主要事项、咨询的具体问题、报告案（事）件的详细情况等。

3）结尾部分。写明来电所涉及事项的处理方法，最后由领导填写处理意见、签名并注明日期。

二、保安工作记录的填写要求

1. 纸质工作记录的填写要求

在日常工作中，正确、有效地填写纸质工作记录是保安员必备的基本能力之一。保安员填写纸质工作记录时，有以下 6 点注意事项：

（1）内容完整

工作记录在内容上要真实、全面地反映相关工作的具体情况。记事，要写清楚相关事件的时间、地点、人员（或单位、部门）、起因、经过和结果等；记人，要写清楚人员的身份和体貌特征等；记物，要写清楚该物所在的方位和特点等。

（2）格式规范

工作记录在形式上虽然没有完全统一的模板，但是一般都有本单位相对固定的格式，要根据每个栏目的提示进行填写，不能填错位置，要注意避免张冠李戴。填写工作记录时不能留空行或空格，可用横线或斜线将多余的空行、空格划去。

（3）语言准确

工作记录的内容和形式都不复杂，语言文字也要准确、清楚，并尽可能简洁明了，填写时不能掉以轻心，要避免出现不该有的语言文字错误。

（4）字迹清晰

工作记录注重实用性，要使用黑色或蓝色钢笔、水笔认真填写，字迹端正、清晰，不得随意涂改，同时应保持书面洁净、平整，以便长久保存供反复查看使用。

（5）及时记录

工作记录注重时效性，工作过程中无论是否有特殊情况发生，都要做到每隔一定时间就记录一次，不可事后一次性补记，以免出现疏漏或错误。

（6）注意保密

工作记录是重要的原始资料，要妥善保管和处理，其中记载的有关人、事、物等不得随意外传。

2. 电子工作记录的填写要求

电子工作记录以及其他电子文书的存储介质和处理技术以信息化为主，因而具有许多与纸质工作记录、纸质文书不同的特性，如信息对系统的依赖性、信息存储的高密度性、信息的易变性、多媒体信息的集成性、信息内容与载体的可分离性等。

电子工作记录以及其他电子文书的记录（编写）、办理、管理都有着与传统纸质工作记录、纸质文书不一样的要求，具体可参照 2016 年 12 月 30 日发布的《党政机关电子公文格式规范》《党政机关电子公文标识规范》《党政机关电子公文系统建设规范》《党政机关电子公文系统运行维护规范》等系列国家标准执行。

电子化处理是保安应用写作发展的必由之路，它推动着保安应用写作向一种全新的领域发展。

随着保安工作现代化、科技化、规范化进程的不断加快，保安员不但要掌握纸质工作记录的基本填写要求，也有必要把握电子工作记录的特定填写规范。电子工作记录和纸质工作记录的填写要求在很多方面是完全一致的，如内容真实、完整，格式要规范、严谨，语言要准确、简明，需要及时记录，同时注意保密等。

（1）特定格式

电子工作记录采用电子表格的呈现形式，除了要遵守工作记录的一般格式规范外，还要符合自身的特定格式要求。其标题、正文和落款的顺序、位置、行距、字距、字体、字号等都要按照统一要求进行设置，填写时也必须遵守相应要求。可以事先设计模板或软件，以便操作。

（2）填写技巧

电子工作记录需要在计算机上进行录入，除了要遵循现代汉语有关语法、逻辑、修辞以及字词、数字、标点等使用的统一规则外，还要掌握必要的文字输入方法和编辑技巧。可直接在计算机上录入，也可先用纸、笔记录然后尽快录入计算机。录入时要特别谨慎，以避免因为字形相似、字音相同或相近而产生错别字。录入过程中要及时进行保存，以避免因为计算机或网络故障而导致返工。录入完成后要及时提交上传，以便领导按时查看。

（3）保密要求

电子工作记录的保密要求相对更高。填写和使用电子工作记录时，要增强保密与责任意识，掌握保密知识与技能，完善保密措施与管理。电子工作记录以及其他电子文书系统的建设和运行维护过程中，也要有效保障数据的保密性、不可篡改性和不可抵赖性等安全性指标。

第二节 撰写常用文书

一、保安常用文书的种类

文书有法定公文与事务文书之分，如图 4-1 所示。根据中共中央办公厅、国务院办公厅 2012 年 4 月 16 日联合印发的《党政机关公文处理工作条例》，法定公文有15种；事务文书则指除这15种法定公文之外的在日常工作中经常使用的其他文种。每一种文书都有其特定的适用范围。

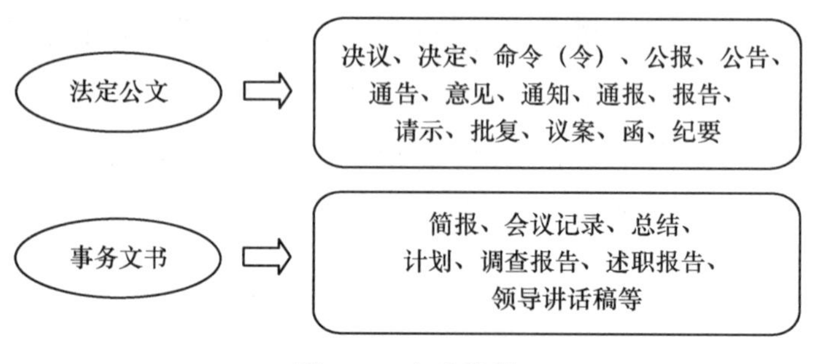

图4-1 文书种类

文书也可以根据保密要求，分为绝密、机密和秘密三种。文书还可以根据行文方向，分为下行文、平行文和上行文，如图4-2所示。

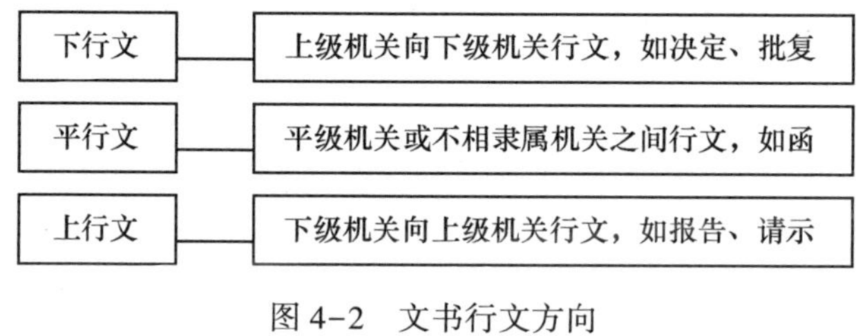

图4-2 文书行文方向

除了工作记录之外，保安常用文书主要包括通知、通报、报告、请示、函、计划、总结、简报等。

二、保安常用文书的写作方法和要求

1. 通知

（1）适用范围

通知适用于发布、传达要求下级单位执行和有关单位周知或者执行的事项，以及批转、转发公文等，如表4-6所示。

通知多用于下行文，也可用于平行文，分为发布性通知、批转性通知、布置性通知和告知性通知4种。通知的适用范围广，使用频率高，具有沟通上下、联系左右、传达知照的重要作用。

（2）写作方法

1）标题。通知的标题一般写为“××（发文机关）关于××（事由）的通知”，根据需要，可在文种名称之前加上“重要”等字样。

表 4-6 通知

××保安公司关于进一步加强安全防范工作的通知

××〔20××〕×号

各封闭式卡口、驻点单位保安中队：

时值岁末，在各项安保工作有序推进的同时，发现部分保安中队存在队伍管理不严、纪律松懈、安全意识淡薄等情况。这些情况不但影响了公司日常工作的正常进行，而且对保安员个人和家庭都极易造成巨大的身心伤害和痛苦。为切实增强安全意识，确保各项安保工作的顺利完成，公司决定自即日起组织各中队全体保安员进一步加强安全防范工作。现就有关要求通知如下：

一、强化交通安全，增强安全意识

（一）各封闭式卡口、驻点单位保安中队的队长、班长充分利用队务会议和岗位巡查等各种形式对队员开展交通法规培训和教育，要加大对队员合法持证驾驶车辆的监督力度，避免队员非法驾驶车辆，督促队员合法、文明驾驶车辆。

（二）全体保安队员都要自觉遵守交通法规，树立安全行车意识，平时要注意对自己车辆的检修、维护，严禁无证驾驶、酒后驾车、超速行驶等交通违章行为。全体队员要从过去的几起交通事故中吸取深刻教训，克服麻痹思想，提高个人安全防范意识。

（三）公司督察组将开展不定期的交通安全工作巡检，检查情况将列入当季考核。

二、强化文明值勤，确保区域安全

（一）全体队员应严格遵守公司及业主单位工作程序与仪容仪表的各项规定，发现可疑情况及时报告，并认真做好交接班工作。因交接班不清而造成事故的，公司将追究交接班双方责任。

（二）值勤队员应文明守法、礼貌待人。遇他人刁难或羞辱时，应保持冷静，克制自己的情绪。确实无法处理的事情，应迅速报告班长、队长处理。如对方不听劝阻、无理取闹，甚至态度蛮横、动手打人，应及时通知业主单位领导或者所在地应急响应中心。相关岗位、队员在遇此类事情时应相互照应、守望相助。

（三）对未办理相关证照强行冲卡的车辆与人员，应记下其车牌号码或体征，通过电台第一时间通知所在地应急响应中心以及其他岗位的保安人员。

（四）值勤队员要加强责任区域的巡逻检查，及时排查各种事故隐患。遇特殊情况要迅速向所属单位的业主或上级部门汇报，以实际行动切实维护好责任区域的秩序。

三、强化个人意识，谨防各类诈骗

随着金融、通信业的快速发展，借助于手机、固定电话、网络等通信工具的现代电信式、非接触式诈骗犯罪迅速发展蔓延。诈骗嫌疑人往往利用人们占小便宜、爱慕虚荣、急于求成、遇事慌乱等心理，引诱事主上当。全体保安队员在遇到上述情况时，应当强化个人安全防范意识。凡涉及向外汇款、转账，一定要与家人商量，并及时通过银行网点、银行客服咨询电话进行咨询。同时注意电话中提供转接公安局、检察院、法院、银行等部门的电话，一定是假冒的诈骗电话，千万不要相信。切不可擅自做主，以致造成财产损失。

请各中队紧密结合实际，认真贯彻落实上述要求。

××保安公司（公章）

20××年××月××日

2）主送机关。通知的主送机关一般是特定的单位或部门，应当具体写出其名称。有些普发性的通知也可写统称。

3）正文

①开头部分。简要地写明通知的背景、依据、目的等，并以“现将有关事项通知如下”或者“为此，特作如下通知”等语句进行过渡。

②主体部分。明确具体地写出通知的主要内容，即工作中应知和应办的事项。

③结尾部分。针对通知的内容提出执行要求，常用“望遵照办理”“请研究执行”“特此通知”等惯用语结束。

④落款。通知的落款应当写明发文机关名称与成文日期，并加盖公章。

（3）写作要求

通知的内容应该具有针对性和可行性，以便于解决实际问题。通知的语言表达应当明白、准确，使人一目了然。要防止滥用通知，注意与“启事”“声明”区别开来。

2. 通报

（1）适用范围

通报适用于表彰先进、批评错误、传达重要精神和告知重要情况，如表 4-7 所示。

表 4-7　　通报

××保安公司关于王××同志拾金不昧的表彰通报

××〔20××〕×号

公司各部门、培训中心、各大队：

20××年××月××日××时，我公司派驻××市农行××支行值勤班当班队员王××在巡逻时，发现××所营业大厅柜台上放着一个钱包。他打开后发现包内装有 1 000 多元现金、一张 5 000 多美元的存折，以及身份证、信用卡等贵重物品。通过身份证辨认，失主系该行会计科员工皮××。当时银行已下班，无法与失主取得联系。第二天一上班，王××便将钱包完璧归赵。失主皮××深受感动，于 20××年××月××日致信公司，对王××的高尚品质给予了高度赞扬。

王××同志在巨款面前不为所动，树立了保安员的良好形象，为公司赢得了荣誉。为此，公司决定奖励王××现金×××元，并号召全体保安员学习他拾金不昧的高尚品质。希望全体员工以王××为榜样，立足本职，努力打造公司品牌，为公司的发展壮大做出积极贡献。

××保安公司（公章）

20××年××月××日

通报是下行文，分为表彰性通报、批评性通报和情况交流通报3种。

（2）写作方法

1）标题。通报的标题一般写为“××（发文机关）关于××（事由）的通报”，根据需要，可在文种名称之前加上“表彰”“表扬”“情况”等字样。

2）主送机关。通报的主送机关一般写统称，有时也可以省略不写。

3）正文

①开头部分。对通报的核心内容进行总体概括。如果要通报的事项比较简单，也可以不写引言。

②主体部分。先具体叙述要表彰的先进事迹、要批评的错误事例或要传达的重要事实，再概要分析其中的意义并提出处理意见。

③结尾部分。结合通报内容发出希望、号召，常用“特此通报”等惯用语结束。

4）落款。通报的落款应当写明发文机关名称与成文日期，并加盖公章。

（3）写作要求

通报的事例要典型，只有通过确实、有代表性的事例才能较好地发挥其教育、感染和启迪作用。通报的内容要新颖，要迅速、及时、讲求时效，这样才能充分发挥表扬、惩戒和传达的作用。通报评议要有分寸，是由典型事例引申出来的议论与说明，应切合本机关、本部门的实际，把握好尺度，不牵强附会。

（4）通报与通知的差异

通报与通知的差异详见表4-8。

表4-8　　通报与通知的差异

	通报	通知
内容	表彰先进、批评错误、交流重要情况	发布、批转或转发公文，告知具体事项，布置工作任务
作用	进行教育宣传，以提高认识	主要用于开展工作部署，以统一执行
表达方式	同时采用叙述、说明和议论的方式，陈述事实、分析意义、做出评价，并发出希望、号召	主要采用直接叙述的方式，告知对方下一步做什么、怎么做

3. 报告

（1）适用范围

报告适用于向上级机关汇报工作、反映情况，以及回复上级机关的询问。

报告是上行文，可分为工作报告、情况报告和回复报告 3 种。

1）工作报告是较为常用的一种报告，主要用于向上级机关汇报本单位、本部门的例行工作或临时工作情况，如表 4-9 所示。根据所反映工作内容涉及的时间范围，工作报告可分为年度报告、半年度报告、季度报告、月度报告等。

表 4-9　　工作报告

××保安公司关于二〇××年上半年保安服务工作的报告

××〔20××〕×号

总公司：

二〇××年上半年，按照总公司关于积极规范和发展保安服务业的指示精神，我公司认真履行安全防范职责，充分发挥辅助作用，在协助公安机关维护社会治安秩序、及时发现和防止违法犯罪活动及灾害事故、维护客户安全等方面取得了明显成绩。据统计，上半年我公司保安员参加抢险救灾 7 起共 60 余人次、大型活动安全保卫 8 次共 1 000 余人次、处置突发事件 5 起 40 余人次，提供有价值案件线索 102 条、协助公安机关破获重大案件 3 起、抓获违法犯罪嫌疑人 86 人、为群众做好事 800 余件，为客户单位和人民群众挽回经济损失 150 余万元；9 名保安员因保护客户利益、协助公安机关制止涉嫌违法犯罪活动光荣负伤，5 人因表现突出而受到公安机关的表彰，其中 1 人荣立三等功。现将具体情况报告如下：

一、加强指导，积极促进保安服务业发展

……

二、严格监督，进一步规范保安服务市场

……

三、舆论造势，广泛开展保安服务宣传工作

……

四、保障权益，着力维护保安员队伍稳定

……

特此报告。

附件：参加抢险救灾、大型活动安全保卫、协助公安机关破获重大案件、维护客户利益等典型案例

××保安公司（公章）

20××年××月××日

2）情况报告是向上级机关反映本单位、本部门的突发事件、特殊情况、意外事故、个别问题等处理情况的报告。

3）回复报告又称答复报告，是针对上级机关询问某一情况或问题而进行回复时使用的一种报告。

（2）写作方法

1）标题。报告的标题一般写为“××（发文机关）关于××（事由）的报告”。工作报告可在事由部分写明时间范围（如某年度、半年度、季度、月份或某阶段等），回复报告可在文种名称前加上“回复”二字。

2）主送机关。报告的主送机关应当是直接的上级机关，要写明全称或者规范化的简称。

3）正文

①开头部分。简要地写明报告的缘由，然后以“现将有关情况报告如下”等语句过渡。

②主体部分。具体地列出报告的事项。其中，工作报告主要结合相关工作陈述基本情况、归纳主要经验、说明存在问题并提出解决办法；情况报告着重介绍有关事件、事故发生的完整过程、具体情况，并写明存在原因、产生后果及调查经过、处理意见等；回复报告则重点围绕上级机关提出的问题做出回答。

③结尾部分。一般以“特此报告”“专此报告”“以上报告，请审阅”等惯用语结束。

4）落款。报告的落款应当写明发文机关名称与成文日期，并加盖公章。

（3）写作要求

报告的内容应客观、准确，它是领导决策的基础条件之一，一定要如实反映情况，不能“报喜不报忧”，也决不能弄虚作假。写作报告要及时，注重报告的时效性，以利于上级机关通过报告及时掌握各方面的动态及变化，为正确决策奠定基础。报告当中不得夹带请示的事项。

4. 请示

（1）适用范围

请示适用于向上级机关请求指示、批准，如表 4-10 所示。

请示是上行文，它具有向上级机关反映并请求帮助解决疑难问题的重要作用，可分为批复性请示和批转性请示两种。

（2）写作方法

1）标题。请示的标题一般写为“××（发文机关）关于××（事由）的请示”。

表 4-10　　请示

××公司安全保卫部关于组建××保安大队的请示

××〔20××〕×号

××公司：

××分公司即将成立，为维护内部治安及消防安全，加强各项安全防范措施，确保公司整体和谐稳定，我部拟组建××保安大队。现就具体事项请示如下：

一、机构设置

大队共由 16 人组成，设大队长 1 名；下辖 3 个分队，每队设分队长 1 名、队员 4 名，其中包含巡查记录员 1 名和具备机动车驾驶资格人员 1 名。

二、工作内容

（一）对外来人员进行登记，对出入物资进行查看验证。

（二）对机房、食堂、财务室、库区等重点部位进行巡视守护。

（三）对火源使用处进行检查管理。

三、岗位职责

（一）严格遵守公司各项规章制度。按时交接班，做到不脱岗、不空岗、不睡岗。每次交接班前，做好巡视检查及交接记录，内容全面细致，并及时交代需要下一班完成的事项。

（二）对来访人员用语文明，问清来意后进行认真登记，并对照监视系统观察来访者的去向是否与登记内容相符。对物资出入做到证、物相符，方可放行。

（三）对机房、食堂、财务室、库区等重点部位定时进行巡视检查，做到多听、勤观察监视系统。如遇危机，迅速与带班领导联系，及时上报情况并妥善解决问题。节假日、公休日、夜间加大上述重点部位的巡视检查力度，注意防火、防盗、防破坏。

（四）对火源使用处经常查看，做好消防器材、设施的日常管理，及时发现并整改存在的隐患。

四、人员管理

依据《企事业单位内部保卫工作条例》和公司相关制度，由我部具体负责大队人员的招录、作息、培训考核等。

（一）招录条件。所有人员均应遵纪守法，热爱本岗位工作，责任心强且身体健康；担任职务的人员应具备相关法律法规知识，有一定的组织和沟通能力，有独立处置危机的能力。

（二）作息安排。实行“三班三运转”；每班 5 人，包括分队长 1 人、巡查记录员 1 人、保安员 3 人（详见附件 1）。

（三）培训考核。主要内容为相关法律法规、值班人员守则、巡视检查要点、应急事件处置、值班人员自身保护等。

五、装备配置

（一）人员服装。保安员服装 48 套，每人夏装 1 套、春秋装 1 套、冬装 1 套。

（二）安保设备。对讲机 2 对（4 部）、电警棍 3 把、巡查用自行车 5 辆及维修工具 1 套。

（三）办公设备。文件柜 1 组、办公桌 6 张、办公椅 6 把、计算机 1 台、储物箱 16 个（详见附件 2）。

当否，请批示。

附件：1. ××××××安排表

2. ××××××清单

××公司安全保卫部（公章）

20××年××月××日

2）主送机关。请示的主送机关应当是直接的上级机关。根据谁主管就向谁请示的原则，请示一般只能写一个主送机关。

3）正文

①开头部分。简要地写明请求指示和批准事项的起因、背景、依据等，然后以“特请示如下”等语句过渡。

②主体部分。明确具体地提出请求上级机关给予指示或批准的问题和事情，并表明本单位的倾向性意见以供领导参考。

③结尾部分。一般以“当否，请批示”“妥否，请指示”“如无不妥，请批转有关单位执行”等惯用语结束。

4）落款。请示的落款应当写明发文机关名称与成文日期，并加盖公章。

5）附注。如有必要，还可以写明本方的联系方式。

（3）写作要求

写作请示要注意其内在逻辑，应注重请示因由的撰写，充分说明请示事项的必要性。写作请示要坚持“一文一事”的原则，以便上级及时、专一地进行处理。请示的主送机关只能是一个，不能多头请示，以免主办与协办单位之间互相推诿扯皮，或是由于批示意见不一致而使自己无所适从。联合请示，除了各单位的意见和要求必须统一之外，还要搞好会签。请示与报告不能混同使用，请示与函也必须严格区分。

（4）请示与报告的差异

请示与报告的差异见表4-11。

表4-11　请示与报告的差异

	请示	报告
用途	向上级机关提出请求，需回复或审批	供上级机关了解情况，不需回复
性质	乞请性	陈述性
内容	一文一事	一事、数事均可

5. 函

（1）适用范围

函适用于不相隶属机关之间商洽工作、询问和答复问题、请求批准和答复审批事项，如表4-12所示。

表 4–12　　函

××保安服务有限公司关于变更公司名称的函 ××〔20××〕×号 各客户单位： 由于业务发展需要，经××省公安厅主管部门和××市市场监管部门批准，我公司名称从 20××年××月××日起由“××××保安服务有限公司”变更为“××保安服务有限公司”。 即日起，我公司所有对内及对外文件、资料、开具发票、账号、纳税人识别号等全部使用新名称。公司名称变更后，原“××××保安服务有限公司”承接的所有业务均由现“××保安服务有限公司”统一经营，业务主体和法律关系不变，原签订合同继续有效，原有业务关系和服务承诺保持不变。因变更公司名称而给贵单位带来不便，我公司深表歉意。衷心感谢贵单位长期以来的关心与协助，我公司将一如既往地持续提高保安服务工作质量与效果。 特此函告，期望继续大力支持配合。 ××保安服务有限公司（公章） 20××年××月××日 （联系地址：×××××××；联系电话：××××××××；联系人：×××。）

函是平行文，按行文流向分为去函（发函）和复函（回函）2 种，按应用范围分为商洽函、答询函、请批函和告知函 4 种。

（2）写作方法

1）标题。函的标题一般写为“××（发文机关）关于××（事由）的函”。复函的文种名称写为“复函”。

2）主送机关。函的主送机关通常是特定的单位或部门，应当具体地写出其名称。

3）正文

①开头部分。简要介绍发函的原因、根据、理由等。

②主体部分。具体写出所要商洽、问询的问题或者请求、批准的事项。

③结尾部分。以“特此函告”“即请复函”“期望大力协助”“此复”等惯用语结束。

4）落款。函的落款应当写明发文机关名称与成文日期，并加盖公章。

5）附注。如有必要，还可以写明本方的联系方式。

（3）写作要求

函采用开门见山的写法，不客套，不讲大道理，力求短小精悍。函的针对性很强，叙事清楚明白，提出的意见、办法、请求都要合乎客观实际。注意函与请示、批复、通知的区别。

（4）请批函与请示的差异

请批函与请示都有请求批准的功能，但是二者的行文方向不同（见表4-13）。

表 4-13 请批函与请示的差异

	请批函	请示
目的	向没有直接隶属关系的业务主管部门请求批准	向上级机关请求指示、批准
行文方向	平行文	上行文

6. 计划

（1）适用范围

计划适用于对未来一定时间的工作、生产、学习进行合理安排，表4-14所示为计划类文书中的工作方案。

表 4-14 工作方案

××保安押运公司安全整顿工作方案

为确保夏季押运安全，根据总公司关于组织开展安全整顿工作的有关要求，特制定本方案。

一、工作目标

进一步落实保安押运工作的规章制度、安全操作规程，以及枪支弹药管理和使用规定，杜绝发生各类案件、事件，确保公司夏季押运工作任务安全、有序开展。

二、组织领导

成立安全整顿工作领导小组，由公司总经理张××担任组长，公司副总经理王××、押运部经理李××担任副组长，各守押大队队长担任组员。

三、工作步骤

（一）查摆问题。7月1日至7月10日，各守押大队进行自查，内容包括：制度落实是否到位，责任分工是否明确，安全措施实施是否到位，队伍中存在的其他问题、不足和漏洞等。

（二）整改提高。7月11日至7月20日，各守押大队针对存在的问题和不足进行整改，尽快消除安全事故隐患，同时加强思想教育和技能指导，切实提高押运工作的水平和质量。

（三）检查验收。7月21日至7月31日，押运部对各守押大队自查、整改情况进行检查，对取得的成果进行验收。发现组织不力、态度敷衍、查摆问题不彻底、不按规定时间和内容组织开展整顿改进的，在全公司范围内进行通报，并追究相关人员的责任。

四、工作措施

（一）操作规程落实执行。对操作规程进行规范，包括押运过程的准备阶段、运行阶段、交接阶段、结束阶段和应急措施等，落实各类人员操作标准，严格监督和控制其实际操作行为。

（二）枪支弹药安全清查。对枪支弹药进行清查，包括枪支弹药的管理、使用、保养、领取归还、登记等情况。

（三）押运车辆性能维护。对押运车辆加强管理，做好押运车辆的清点、保养、维护，确保其性能始终处于良好状态。

（四）押运队员教育训练。对押运队员加强教育，做好各大队押运员、驾驶员、解款员、守库员的基本情况摸排，有针对性地开展安全教育、心理疏导、体能训练、技能演练。

续表

五、相关要求 （一）各大队管理人员要切实负起组织领导的责任，确保整顿取得成效。 （二）各大队全体人员要把这次整顿活动与日常守押工作的正常开展紧密结合起来，做到整顿与工作两不误，并将整顿效果落实到日常工作中去。 ××保安押运公司 20××年××月××日

计划具有较强的指导、推动和保证作用，如工作计划等。

（2）写作方法

1）标题。计划的标题一般由单位名称、计划时限、计划内容、计划种类组成。

2）正文

①开头部分。概述制订计划的依据和目的。

②主体部分。具体写清计划的事项和要求，包括目标、任务、措施、办法、步骤、程序等。

③结尾部分。提出希望和要求，表明完成计划的信心与决心。

3）落款。计划的落款应当写明发文机关名称与成文日期。

（3）写作要求

写作计划要求做到：预见性强，对于可能出现的情况做好足够的估计和准备；目标明确，针对所要完成的任务确定具体的措施和步骤；切实可行，提出措施、安排各种步骤都要符合客观实际。

（4）计划中的规划、方案、预案、纲要的差异

它们虽然都属于计划类文书，但是却稍有差异（见表4-15）。

表4-15　　规划、方案、预案、纲要的差异

文种	目的
规划	适用于较大范围，是带有全局性和方向性的中长期的计划
方案	针对重要的专项工作进行科学筹划和具体部署，是具有较强的决策性、专业性和可操作性的计划
预案	为及时、有效地预防和控制某种严重危害而预先制订的应急性计划
纲要	关系重大，提纲挈领，是有很强的政策性和指导性的计划

7. 总结

(1) 适用范围

总结适用于对前一阶段的工作进行全面的检查和回顾，充分肯定成绩，找出差距，从中得到经验和教训，用以指导下一阶段工作实践。表 4-16 所示为工作总结。

表 4-16　　　　工作总结

××公司安保部 20××年上半年工作总结

20××年上半年，在公司和管理处的指导与支持下，我部大力开展安全保卫工作，不断加强队伍管理，努力提供优质的安全保障服务。

一、工作回顾

半年来，我部始终坚持"预防为主、防治结合、加强教育、群防群治"的原则，较好地完成了各项工作任务。其中，处理突发事件 8 起，实施客户单元安全检查 22 次，对客户进行消防宣传 5 次，协调厂家测试消防设备 2 次，发现并处置推销及闲杂人员 60 余人次，非办公时间发现并处置客户未锁门情况 40 余起。同时，通过安全教育增强了客户安全意识和自我防护能力，通过齐抓共管营造了客户关心和支持安全保卫工作的良好局面，从而切实保障了客户的安全，维护了大厦的正常运营秩序。

二、经验体会

(一) 领导重视，措施有力……

(二) 制度保证，措施到位……

(三) 检查落实，措施见效……

三、存在问题

一是学习不够全面深入……

二是思想不够积极主动……

三是工作缺乏创新突破……

四、下一步打算

下半年，我部将继续加强学习，严格依照《中华人民共和国劳动法》《中华人民共和国劳动合同法》和《保安服务管理条例》，进一步规范业务，提升工作水平；加强教育，继续推进内部管理和队伍建设，提高安全保卫服务质量；加强服务，进一步提高客户满意度，全力创建"平安大厦"。

××公司安保部

20××年××月××日

全面回顾性、自我评估性、方法的论说性是总结的特点。总结可以分为工作总结和思想总结两大类。

(2) 写作方法

1) 标题。工作总结的标题可采用公文式、文章式、正副式写法。

2) 正文

①开头部分。概述基本情况，概括主要成绩或问题。

②主体部分。工作总结应该先具体陈述工作情况，再着重分析经验教训；思想总结则先写遇到或做过的事情，再写自己对此事的思想认识。

③结尾部分。简短而有力地加以总结，明确今后的努力方向，多使用呼吁性的语句。

3）落款。总结的落款应当写明发文机关名称（或个人姓名）与成文日期。

（3）写作要求

写作总结时，自我评估要客观真实，以反映实际情况；总结经验教训要有理有据，突出重点；要全面回顾，找出规律，以指导今后的工作；材料应更新，观点要创新。

（4）总结与小结的差异

二者虽然都属于总结类文书，但是却稍有差异（见表4-17）。

表4-17 总结与小结的差异

	总结	小结
内容	相对复杂	相对简单
写作主体	多以单位、部门名义	多以个人名义

（5）总结与报告的差异

二者在写法上虽然有相似之处，但也存在着本质差别（见表4-18）。

表4-18 总结与报告的差异

	总结	报告
目的	为了全面归纳认识，总结经验教训，以指导今后工作	为了汇报工作情况，或者回复上级询问，以便于领导决策
内容	重点在于归纳经验教训	重点在于写清楚工作情况
表达方式	夹叙夹议，以议论为主	夹叙夹议，以叙述为主

8. 简报

（1）适用范围

简报适用于沟通信息、反映情况、提出参考性建议等。

（2）写作方法

简报写作的结构如图4-3所示。

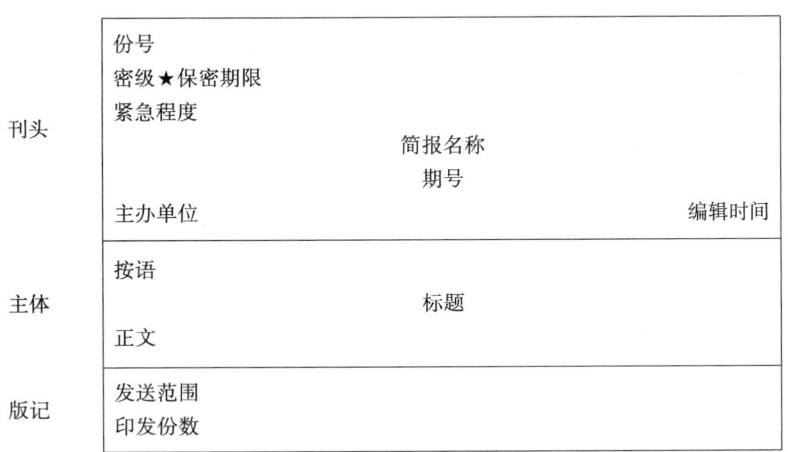

图 4-3　简报的结构

1）标题。简报的标题通常采用主谓式或正副式写法，简要写明工作主体和主要事项。

2）正文。简报的正文主要采用要素结合法，写清楚与此项工作有关的具体时间、地点、人物（单位）、事件以及起因、经过、结果。

（3）写作要求

写作简报，要求材料准确可靠、内容新颖鲜明、形式简明扼要、成文迅速及时。简报标题应当直接反映主旨；正文内容力求短而精，要注重针对性、时效性，多反映热点、难点问题，多做深入分析，多提解决问题的设想，减少一般性工作情况汇报。

（4）简报与通讯、消息的差异

三者虽然都属于通报类文书，但是却稍有差异（见表 4-19）。

表 4-19　简报与通讯、消息的差异

	简报	通讯、消息
文体	属于应用写作的一种，能准确、明白地反映工作中的最新信息即可	属于新闻写作的范畴，更多地追求生动形象地报道新近发生的事实
对象	通常在本行业、本系统的一定范围内使用	面对的是社会公众
内容	侧重介绍工作中采用的措施办法	侧重用事实证明某人（单位）在某方面做得好